Ruhr-Radweg

Vom Sauerland an den Rhein

Ein original *bikeline*-Radtourenbuch

W0293507

Esterbauer

bikeline®-Radtourenbuch Ruhr-Radweg
© 2001-2004, **Verlag Esterbauer GmbH**
A-3751 Rodingersdorf, Hauptstr. 31
Tel.: ++43/2983/28982-0, Fax: -500
E-Mail: bikeline@esterbauer.com
www.esterbauer.com

2. überarbeitete Auflage 2005

ISBN 3-85000-060-5

Bitte geben Sie bei jeder Korrespondenz die Auflage und die ISBN an!

Dank an alle, die uns bei der Erstellung dieses Buches tatkräftig unterstützt haben, im besonderen an: G. Sieckmann, Iserlohn.
Das bikeline-Team: Birgit Albrecht, Beatrix Bauer, Grischa Begaß, Karin Brunner, Anita Daffert, Michaela Derferd, Roland Esterbauer, Angela Frischauf, Maria Galbruner, Jutta Gröschel, Dagmar Güldenpfennig, Carmen Hager, Karl Heinzel, Valeska Henze, Veronika Loidolt, Michael Manowarda, Mirijana Nakic, Niki Nowak, J. Andrea Ott, Maria Pfaunz, Andreas Prinz, Jenny Reisinger, Petra Riss, Martha Siegl, Matthias Thal.
Bildnachweis: Veronika Loidolt: Umschlag, 13, 14, 16, 18, 19, 23, 24, 25, 26, 28, 32, 33, 34, 36, 38, 39, 40R, 42, 44, 50, 52, 54, 56L, 57R, 58R, 60, 62L, 66, 67, 68, 70, 72, 76, 77, 80, 81; Tourist-Info Wickede: 40L; Stadt Schwerte: 56R, 58L; Tourist-Information Eschwege: 57L; Stadt Wetter/Ruhr: 61, 62R, 64
bikeline® und *cycline*® sind eingetragene Warenzeichen; Einband patentrechtlich geschützt. Alle Angaben gründlich recherchiert, trotzdem ohne Gewähr. Alle Rechte vorbehalten. Kein Teil dieses Buches darf in irgendeiner Form ohne schriftliche Genehmigung des Verlages reproduziert oder unter Verwendung elektronischer Systeme verarbeitet, vervielfältigt oder verbreitet werden.

Dieses Buch wird empfohlen von:

VCS • VCÖ • VCD
Verkehrsclubs

FDNF Fahrrad-touristik GbR

Naturfreunde

tour
DAS RADMAGAZIN

bikeline

Was ist bikeline?

Wir sind ein junges Team von aktiven Radfahrerinnen und Radfahrern, die 1987 begonnen haben, Radkarten und Radbücher zu produzieren. Heute tun wir dies als Verlag mit großem Erfolg. Mittlerweile gibt's bikeline© und cycline© Bücher in fünf Sprachen und in vielen Ländern Europas.

Um unsere Bücher immer auf dem letzten Stand zu halten, brauchen wir auch Ihre Hilfe. Schreiben Sie uns, wenn Sie Fehler oder Änderungen entdeckt haben. Oder teilen Sie uns einfach die Erfahrungen und Eindrücke von Ihrer Radtour mit.

Wir freuen uns auf Ihren Brief,

Ihre bikeline-Redaktion

Vorwort

Die Ruhr entspringt mitten im Winterberger Wald und durchfließt zunächst das bergige Sauerland. Dieses lockt mit seiner reizvollen Landschaft, den Bergen, unendlichen Wäldern, dem gesunden Klima und unzähligen Sport- und Freizeitmöglichkeiten. Der Landschaftscharakter ändert sich hinter Fröndenberg, das Gebiet wird flacher und außerdem durchqueren Sie Europas größte „Stadt", das Ruhrgebiet. Gepflegte Parks und zahlreiche Naherholungsgebiete schirmen Sie von den nahen Industriegebieten und Städten mit charmantem Kleinstadtflair und interessanten Sehenswürdigkeiten ab. Es ist ein angenehmes – zu Beginn zwar anspruchsvolles, aber dann sehr erholsames – Vergnügen an der Ruhr entlang zu radeln, vom Sauerland an den Rhein. Sie werden es auf jeden Fall genießen!

Präzise Karten, genaue Streckenbeschreibungen, zahlreiche Stadt- und Ortspläne, Hinweise auf das kulturelle und touristische Angebot der Region und ein umfangreiches Übernachtungsverzeichnis – in diesem Buch finden Sie alles, was Sie zu einer Radtour entlang der Ruhr benötigen – außer gutem Radlwetter, das können wir Ihnen nur wünschen.

Kartenlegende (map legend)

Die Farbe bezeichnet die Art des Weges:
(The following colour coding is used:)

- Hauptroute (main cycle route)
- Radweg / autofreie Hauptroute (cycle path / main cycle route without motor traffic)
- Ausflug oder Variante (excursion or alternative route)
- Radweg in Planung (planned cycle path)

Strichlierte Linien zeigen den Belag an:
(The surface is indicated by broken lines:)

- asphaltierte Strecke (paved road)
- nicht asphaltierte Strecke (unpaved road)
- schlecht befahrbare Strecke (bad surface)

Punktierte Linien weisen auf KFZ-Verkehr hin:
(Routes with vehicular traffic are indicated by dotted lines:)

- Radroute auf mäßig befahrener Straße (cycle route with moderate motor traffic)
- Radroute auf stark befahrener Straße (cycle route with heavy motor traffic)
- Radfahrstreifen (cycle lane)
- stark befahrene Straße (road with heavy motor traffic)

- starke Steigung (steep gradient, uphill)
- leichte bis mittlere Steigung (light gradient)
- 3 Entfernung in Kilometern (distance in km)
- Routenverlauf (cycle route direction)

Maßstab 1 : 50.000

1 cm ≙ 500 m 1 km ≙ 2 cm

0 1 2 3 4 5 6 7 8 9 10 km

- Schönern sehenswertes Ortsbild (picturesque town)
- ( ) Einrichtung im Ort vorhanden (facilities available)
- Hotel, Pension; Jugendherberge (hotel, guesthouse; youth hostel)
- Campingplatz; Naturlagerplatz (camping site; simple tent site)
- Tourist-Information; Einkaufsmöglichkeit (tourist information; shopping facilities)
- Gasthaus; Rastplatz; Kiosk (restaurant; resting place, kiosk)
- Freibad; Hallenbad (outdoor swimming pool; indoor swimming pool)
- sehenswerte Gebäude (buildings of interest)
- Mühle andere Sehenswürdigkeit (other place of interest)
- Museum; Theater; Ausgrabungen (museum; theatre; excavation)
- Tierpark; Naturpark (zoo; nature reserve)
- Aussichtspunkt (panoramic view)
- Parkplatz; Parkhaus (parking lot; garage)
- Schiffsanleger, Fähre (boat landing; ferry)
- Werkstatt; Fahrradvermietung (bike workshop; bike rental)
- überdachter ~; abschließbarer Abstellplatz (covered ~; lockable bike stands)

- Kirche; Kapelle; Kloster (church; chapel; monastery)
- Schloss, Burg; Ruine (castle; ruins)
- Turm; Funkanlage (tower; TV/radio tower)
- Kraftwerk; Umspannwerk (power station; transformer)
- Windmühle; Windkraftanlage (windmill; windturbine)
- Wegkreuz; Gipfel (wayside cross; peak)
- Bergwerk; Leuchtturm (mine; lighthouse)
- Denkmal (monument)
- Sportplatz (sports field)
- Flughafen (airport, airfield)
- Quelle; Kläranlage (natural spring, purification plant)
- Gefahrenstelle; Text beachten (dangerous section; read text carefully)
- Treppen; Engstelle (stairs; narrow pass, bottleneck)
- X X X Rad fahren verboten (road closed to cyclists)

In Ortsplänen: (in city maps:)

- Post; Apotheke; Krankenhaus (post office; pharmacy; hospital)
- F Feuerwehr; Polizei (fire-brigade; police)

Staatsgrenze (international border)
Grenzübergang (border checkpoint)
Landesgrenze (country border)
Wald (forest)
Felsen (rock, cliff)
Vernässung (marshy ground)
Weingarten (vineyard)
Friedhof (cemetary)
Watt (shallows)
Dünen (dunes)
Wiesen, Weiden (meadows)
Damm, Deich (embankment, dyke)
Staumauer, Buhne (dam, groyne, breakwater)
Schnellverkehrsstraße (motorway)
Hauptstraße (main road)
Nebenstraße (minor road)
Fahrweg (carriageway)
Fußweg (footpath)
Straße in Bau (road under construction)
Eisenbahn m. Bahnhof (railway with station)
Schmalspurbahn (narrow gage railway)
Tunnel; Brücke (tunnel; bridge)

Inhalt

Ruhr-Radweg

Die Ruhr

Die Ruhr durchfließt in ihrer ersten Hälfte die wunderschöne Naturlandschaft des Sauerlandes. Das Sauerland ist ein Erholungsgebiet – es gibt hier viele Naturschutzgebiete, Naturparks und Hochheiden. Die Landschaft wirkt unberührt durch die unendliche Weite der Berge und Wälder. Es gibt vielerlei Freizeitangebote für jedermann, Skipisten und Lifte, Langlaufloipen, Freizeitparks, Kuranlagen, Rad- und Wanderwege und natürlich zur Stärkung hinterher die wunderbare Sauerländer Küche.

Die Ruhr schlängelt sich durch ihren malerischen Flusslauf, zu Beginn als kleines Flüsschen und wird dann immer breiter, bis sie schließlich zum ersten Mal hinter Westhofen aufgestaut wird. Auf ihrem Weg durch das Ruhrgebiet stellt sie mit ihren Stauseen und Auen einen wichtigen Erholungsort für die vielen Millionen Menschen der Metropole dar. Als eine wahre Oase kann man den Fluss bezeichnen, denn an seine Ufer kommen die Leute, um zu relaxen.

In den letzten Jahren bemühen sich die Tourismusverantwortlichen des Ruhrgebietes sehr, Naherholungsplätze für die Einwohner der Großstädte zu schaffen. Es sind unzählige Freizeitparks, Badeanlagen oder Kurbäder entstanden, ebenso werden im Ruhrgebiet die besten Musicals seit Jahren mit großem Erfolg aufgeführt und es finden viele große Veranstaltungen, wie Pop-Konzerte oder Theateraufführungen, statt. Und so trägt auch die Ruhr massiv dazu bei, dass die Menschen entspannen können – entweder beim Segeln, Surfen, Bootfahren und Schwimmen auf einem der Stauseen, oder beim Radfahren und Spazierengehen entlang des Flussufers.

Streckencharakteristik

Länge

Die Länge des Ruhr-Radweges von der Quelle bei Winterberg bis zur Mündung in den Rhein in Duisburg beträgt 244 Kilometer. Der Ausflug zum Möhnesee ist 14 Kilometer lang und außerdem gibt es noch einen Abstecher nach Unna mit 11,5 Kilometern Länge.

Wegequalität & Verkehr

Die Radroute entlang der Ruhr verläuft zu Beginn auf Wald- und Wirtschaftswegen durch das gebirgige Sauerland. Im ersten Abschnitt finden Sie nur wenige Radwege, nur hinter Neheim, vor Wickede und vor Fröndenberg. Im zweiten Abschnitt fahren Sie fast ausschließlich auf Radwegen entlang der Ruhr und der verschiedenen Stauseen. Es gibt einige kurze Überbrückungsstücke im Verkehr, zum Beispiel bei Olpe, bei Oeventrop oder bei Echthausen, diese sind aber meist nur um die zwei bis drei Kilometer lang. Im ersten Abschnitt erwarten Sie einige Steigungen, besonders auf dem ersten Stück zwischen Winterberg und Meschede. Im zweiten Abschnitt ist nur die Variante über Hohensyburg steigungsreich.

Ruhr-Radwegschild

Beschilderung

Der Ruhr-Radweg ist derzeit noch nicht durchgehend beschildert. Von Winterberg bis Bestwig kommen nur hin und wieder regionale Schilder vor. Die ersten R12-Schilder tauchen ab Wiemeringhausen auf und die ersten definitiven Ruhr-Radweg Schilder bekommen Sie in Opherdicke zu Gesicht. Die Radschilder sind fast quadratisch, weiß mit grüner Aufschrift und bei den Ruhr-Radweg Schildern steht unten in rot „Ruhr" geschrieben. Ab Schwerte ist der Ruhr-Radweg erstklassig ausgeschildert.

Ausbau des Ruhr-Radwegs

Zur Zeit (Herbst 2004) laufen umfassende Planungsarbeiten, die in den nächsten Jahren an vielen Stellen Verbesserungen in der Streckenführung bringen werden. Da sich leider noch nicht absehen lässt, welche der Maßnahmen auch tatsächlich realisiert werden, haben wir diese noch nicht berücksichtigt.

Tourenplanung

Wir haben die Strecke in diesem Buch in zwei Kapitel unterteilt. Der erste Abschnitt ist 111 Kilometer lang und sicher der schwierigere und anspruchsvollere Teil des Radweges. Der zweite Abschnitt zählt 139 Kilometer, verläuft aber durch das Flachland und ist sehr angenehm zu radeln. Sportliche Radfahrer und Radfahrerinnen werden die gesamte Strecke innerhalb von zwei bis drei

Tagen zurücklegen können. Wenn Sie sich jedoch Zeit für Besichtigungen nehmen wollen, oder auch mal einen Ruhetag an einem der Badeseen einlegen, so sollten Sie für einen Tag maximal 50 bis 70 Kilometer rechnen. Gute fünf Tage sollten deshalb für diese Radtour mindestens eingeplant werden.

Regionales Radschild

Infostellen

Ruhrgebiets Tourismus GmbH,
✆ 0231/1816-186, Fax: -188
Landesverkehrsverband Rheinland e.V.,
✆ 0221/80976-67, Fax: -68
Tourismusverband NRW,
✆ 0221/17945-0, Fax: -17
Kommunalverband Ruhrgebiet, Ruhr Tour, Kronprinzenstraße 35, D-45128 Essen, ✆ 0201/2069-0, Fax: -500

Anreise & Abreise mit der Bahn

Den Ausgangspunkt Winterberg erreichen Sie aus dem Ruhrgebiet und aus dem Rheinland ganz einfach. Mit dem Interregio gibt es aus dem Ruhrgebiet stündlich Verbindungen direkt nach Winterberg. Von Kassel aus kann es alle zwei Stunden angefahren werden. Die Ruhrtalbahn von Bestwig nach Winterberg schafft stündliche Verbindungen. Zu den umliegenden Urlaubsdörfern bestehen Busanschlüsse.

Abreise: Der Zielort Duisburg liegt inmitten des Ruhrgebietes und ist mit allen internationalen Zügen zu erreichen.

Infomationsstellen:
Deutsche Bahn AG, **DB Auskunft**, ✆ 11861 (Reservierungen, Fahrplanauskünfte, und Fahrpreise; 1,33 €/Min.), **DB Fahrplanauskunft** (kostenfrei) ✆ 0800/1507090, www.bahn.de.
Deutsche Bahn AG, **Radfahrer Hotline**, ✆ 01805/151415 (gebührenpflichtig), weiterführende Infos zur Rad&Bahn unter www.bahn.de/pv/uebersicht/die_bahn_bahn_und_bike.shtml.

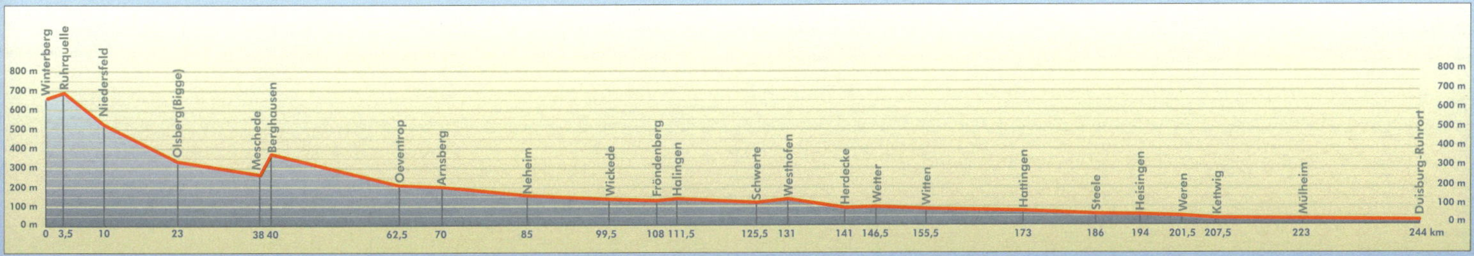

Fahrradtransport

Fahrradmitnahme: Die direkte Fahrradmitnahme ist in allen Zügen möglich, die im Fahrplan mit dem Radsymbol 🚲 gekennzeichnet sind. Voraussetzung für die Fahrradmitnahme ist zusätzlich zum Fahrausweis eine Fahrradkarte und ausreichende Kapazitäten in den Zügen. In den Zügen des Fernverkehrs ist zusätzlich eine Stellplatzreservierung erforderlich. Die Reservierung ist kostenfrei. Sie kann am Fahrkartenschalter oder über die Radfahrer-Hotline gebucht werden.

Die Fahrradmitnahme kostet in allen Fernverkehrszügen € 8,–, Bahncardbesitzer zahlen € 6,–. In den Zügen des Nahverkehrs kostet die Fahrradmitnahme € 3,–. Innerhalb von Verkehrsverbünden gelten teilweise abweichende Tarifbestimmungen. Für besondere Fahrradtypen wie Fahrradanhänger, Tandems, Liegeräder und Dreiräder sowie Fahrräder mit Hilfsmotor, müssen Sie zusätzlich eine zweite Fahrradkarte erwerben.

Fahrradversand:

Es gibt zwei Möglichkeiten, Ihr Fahrrad innerhalb Deutschlands zu versenden. Entweder Sie geben den Fahrradversand über die **Bahn** (in Kooperation mit dem Hermes Versand) oder direkt beim **Hermes Versand** unter ✆ 01805/4884 (0,12 €/Minute Festnetz Telekom) in Auftrag. In Verbindung mit dem Kauf einer Bahnfahrkarte ist der Fahrradversand erheblich kostengünstiger.

Beim Kauf Ihrer Bahnfahrkarte bestellen Sie am Schalter ein KurierGepäckTicket für Ihr Fahrrad. Dieses Ticket lösen Sie bei der Abholung Ihres Fahrrades beim Kurierfahrer ein und bezahlen lediglich den KurierGepäck-Preis. Der KurierGepäck-Preis Inland beträgt für das erste und zweite Fahrrad € 24,10, für jedes weitere Fahrrad werden € 18,10 berechnet (bei gleicher Abhol- und Zustelladresse). Für den Versand von den Nordseeinseln und der Insel Hiddensee wird ein Zuschlag von € 6,90 berechnet.

Um einiges teurer wird es, wenn Sie Ihr Fahrrad mit dem Hermes Versand verschicken möchten, gleichzeitig aber beispielsweise mit dem Flugzeug oder PKW anreisen. In diesem Fall müssen Sie sich als Privatkunde direkt an den Hermes Versand wenden. Der Fahrradversand kostet dann € 39,90.

In beiden Fällen beträgt die Lieferzeit 2 Werktage, von den Nordseeinseln und der Insel Hiddensee 3 Werktage.

Die Zustellzeiten für Bahnfahrer sind Mo-Sa 10-18 Uhr, für alle Privatkunden Di-Sa von 10-18 Uhr. Der genaue Zustellzeitpunkt kann direkt beim Hermes Versand erfragt und auf vier Stunden eingegrenzt werden (entweder 10-14 Uhr od. 14-18 Uhr). Außerhalb dieser Zeiten ist ein sogenannter Feierabendtarif buchbar. Für die Zustellung in der Zeit von 17-21 Uhr wird ein Zuschlag von € 6,90 berechnet.

Für die Verschickung von Fahrrädern besteht **Verpackungspflicht**, d.h. das Fahrrad muss bei Abholung transportgerecht verpackt sein. Falls kein entsprechendes Material zur Hand ist, bringt der Kurierfahrer auf Bestellung eine entsprechende Mehrwegverpackung zum Preis von € 5,90 mit.

Der Fahrradversand erfolgt nur von Haus zu Haus, d. h. Sie benötigen sowohl für die Abholung als auch für die Zustellung eine Privatadresse. Falls Sie keine Privatadresse für die Zustellung am Zielort angeben können, dann versuchen Sie es über eine private Fahrradstation vor Ort. Viele bieten nach Absprache den Service an, ihre Adresse als Zustell- oder Abholadresse für den Versand anzugeben – gegen eine geringe Gebühr oder sogar kostenlos.

Anreise & Abreise mit dem Auto

Winterberg kann vom Norden her über die A7, A2 und A33 erreicht werden über Brilon und Olsberg; vom Süden her über die A5, Abfahrt Marburg. Vom Ruhrgebiet aus erreichen Sie es über die A44 oder A46 über Olsberg.

Abreise: Duisburg liegt direkt an folgenden BABs: A 42, A 3, A 2. Dadurch sind alle größeren Städte von Duisburg aus gut zu erreichen.

Rad & Bahn

Von Winterberg bis Duisburg gibt es fast durchgehend parallel zur Ruhr und somit zum Radweg eine Bahnlinie, auf die Sie bequem umsteigen können. Somit ist es Ihnen möglich, so oft und wann Sie wollen auf die Bahn auszuweichen.

Radverleih am Bahnhof: An 180 Fahrradvermietstationen direkt am Bahnhof oder in unmittelbarer Nähe können Sie Fahrräder ausleihen. Entlang der Ruhr:

Dortmund, Fahrradspezialgeschäft, Brüderweg 14, ✆ 0231/529324

Essen, Radstation am Hauptbahnhof, Am Hauptbahnhof 5, ✆ 0201/2485605

Mülheim, Hauptbahnhof, Dieter-aus-dem–Siepen-Platz, ✆ 0208/4443604

Mülheim-Styrum, Radstation am Bahnhof, Hauskampstr. 14, ✆ 0208/402000

Unna, Bahnhof Unna - Bahnhofsvorplatz, ✆ 02303/237143

Sie sollten sich immer im Voraus an der Vermietstation über Preise und Öffnungszeiten informieren. Die Mietgebühren sind teilweise sehr unterschiedlich, Sie betragen zwischen € 3,– und € 12,70 pro Tag.

Übernachtung

Entlang des gesamten Ruhr-Radweges sind zahlreiche Unterkünfte vorhanden. Das Sauerland, als beliebtes Feriengebiet, bietet genügend Hotels, Pensionen und Privatzimmer. Das Ruhrgebiet verfügt über unzählige Stadthotels und somit sollten Sie keine Probleme haben, während Ihrer Radtour ein Bett zu finden.

Mit Kinder unterwegs

Der Ruhr-Radweg ist auch für Kinder geeignet, denn die Tour verläuft, mit ein paar Ausnahmen, auf Wald- und Wirtschaftswegen und auf Radwegen entlang der Ruhr. Steigungen kommen auf der Route im ersten Abschnitt zwischen Winterberg und Meschede vor. Trotzdem empfehlen wir aber den gesamten Ruhr-Radweg erst mit Kindern ab 10 Jahren zu fahren. Überfordern Sie Ihre Kinder nicht und planen Sie auch einmal die Möglichkeit ein, eine Strecke mit dem Zug zurückzulegen. Natürlich sollte auch das Kinderrad qualitativ mindestens Ihrem eigenen Fahrrad entsprechen.

Das Rad für die Tour

Grundsätzlich ist der Ruhr-Radweg mit jedem funktionstüchtigen Fahrrad zu bewältigen, doch bieten Tourenräder, Trekking- oder Mountainbikes im jedem Fall mehr Reisekomfort. Vor allem auf dem ersten Abschnitt empfiehlt sich ein Fahrrad mit mehr als 12 Gängen, da es doch einige stärkere Steigungen zu bewältigen gibt. Wer mit dem Rennrad unterwegs ist, wird auch seinen Spaß haben. Es gibt nur zwischen Winterberg und Olsberg unbefestigte Wege und diesen können Sie fast immer auf asphaltierten Landstraßen ausweichen.

Zu diesem Buch

Dieser Radreiseführer enthält alle Informationen, die Sie für Ihren Radurlaub entlang des Ruhr-Radweges benötigen: exakte Karten, eine detaillierte Wegebeschreibung, ein ausführliches Übernachtungsverzeichnis, zahlreiche Stadt- und Ortspläne und die wichtigsten Informationen zu touristischen Attraktionen und Sehenswürdigkeiten.

Und das alles mit der *bikeline*-Garantie: jeder Meter in unseren Büchern ist von einem unserer Redakteure vor Ort auf seine Fahrradtauglichkeit geprüft worden.

Die Karten

Eine Übersicht über die geographische Lage des in diesem Buch behandelten Gebietes gibt Ihnen die Übersichtskarte auf der vorderen inneren Umschlagsseite. Hier sind auch die Blattschnitte der einzelnen Detailkarten eingetragen.

Diese Detailkarten sind im Maßstab 1:50.000 erstellt. Dies bedeutet, dass 1 Zentimeter auf der Karte einer Strecke von 500 Metern in der Natur entspricht. Zusätzlich zum genauen Routenverlauf informieren die Karten auch über die Beschaffenheit des Bodenbelags (asphaltiert – nicht asphaltiert), Steigungen (stark oder schwach), Entfernungen sowie über kulturelle und gastronomische Einrichtungen entlang der Strecke.

Allerdings können selbst die genauesten Karten den Blick auf die Wegbeschreibung nicht ersetzen. Komplizierte Stellen werden in der Karte mit diesem Symbol gekennzeichnet, im Text finden Sie das gleiche Zeichen zur Kennzeichnung der betreffenden Stelle wieder.

Beachten Sie, dass die empfohlene Hauptroute immer in Rot und Violett, Varianten und Ausflüge hingegen in Orange dargestellt sind. Die genaue Bedeutung der einzelnen Symbole wird in der Legende auf Seite 4 erläutert.

Höhen- und Streckenprofil

Das Höhen- und Streckenprofil gibt Ihnen einen Überblick über die Steigungsverhältnisse, die Länge und die wichtigsten Orte entlang der

Radroute. Es können in diesem Überblick jedoch nur die markantesten Höhenunterschiede dargestellt werden, jede einzelne kleinere Steigung wird in dieser grafischen Darstellung jedoch nicht berücksichtigt.

Der Text

Der Textteil besteht im Wesentlichen aus der genauen Streckenbeschreibung, welche die empfohlene Hauptroute enthält. Stichwortartige Streckeninformationen werden, zum leichteren Auffinden, von dem Zeichen begleitet.

Unterbrochen wird dieser Text gegebenenfalls durch orange hinterlegte Absätze, die Varianten und Ausflüge behandeln.

Ferner sind alle wichtigen Orte zur besseren Orientierung aus dem Text hervorgehoben. Gibt es interessante Sehenswürdigkeiten in einem Ort, so finden Sie unter dem Ortsbalken die jeweiligen Adressen, Telefonnummern und Öffnungszeiten. Folgende Symbole werden dabei verwendet:

Die Beschreibung der einzelnen Orte sowie historisch, kulturell oder naturkundlich interessante Gegebenheiten entlang der Route tragen zu einem abgerundeten Reiseerlebnis bei. Diese Textblöcke sind kursiv gesetzt und unterscheiden sich dadurch auch optisch von der Streckenbeschreibung.

Zudem gibt es kurze Textabschnitte in den Farben violett oder orange, mit denen wir Sie auf bestimmte Gegebenheiten aufmerksam machen möchten:

Textabschnitte in violett heben Stellen hervor, an denen Sie Entscheidungen über Ihre weitere Fahrstrecke treffen müssen; z. B. wenn die Streckenführung von der Wegweisung abweicht, oder mehrere Varianten zur Auswahl stehen u. ä.

Textabschnitte in Orange stellen Ausflugstipps dar und weisen auf interessante Sehenswürdigkeiten oder Freizeitaktivitäten etwas abseits der Route hin.

Das Symbol bezeichnet schwierige Stellen, an denen zum Beispiel ein Schild fehlt, oder eine Routenführung unklar ist. Sie finden das Zeichen an derselben Stelle in der Karte wieder, so dass Sie wissen auf welches Wegstück sich das Symbol bezieht.

Übernachtungsverzeichnis

Auf den letzten Seiten dieses Radtourenbuches finden Sie zu fast allen Orten an der Strecke eine Auswahl von günstig gelegenen Hotels und Pensionen. Dieses Verzeichnis enthält auch Campingplätze, Heuherbergen und Jugendherbergen. Ab Seite 86 erfahren Sie Genaueres.

Von Winterberg nach Fröndenberg 106 km

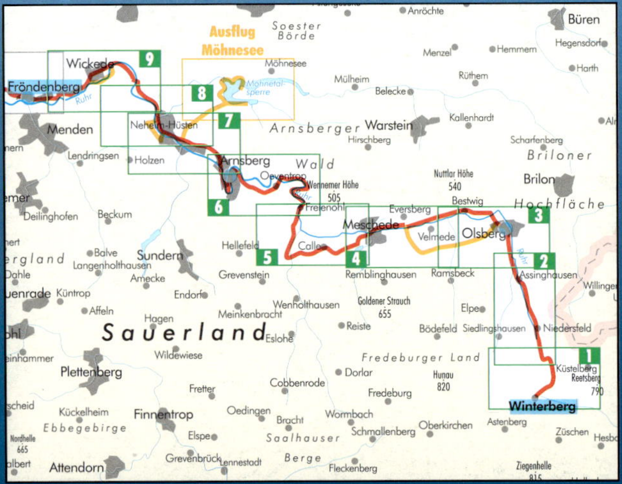

Ihre Reise entlang der Ruhr beginnt im beliebten Wintersportort Winterberg im Sauerland. Von dort radeln Sie zur Ruhrquelle mitten im Winterberger Wald und folgen dann dem Verlauf des Flusses durch die bergige Landschaft des Hochsauerlandes. Sie passieren die Städte Olsberg, Meschede, Arnsberg und Wickede, ehe Sie den Zielort des ersten Abschnitts – Fröndenberg – erreichen. Alle diese Städte bieten interessante Sehenswürdigkeiten und reizvolle historische Stadtzentren.

Der erste Abschnitt des Radweges führt vor allem zu Beginn auf unbefestigten Waldwegen und Wirtschaftswegen entlang. Durch die gebirgige Landschaft bedingt, sind auch einige große Steigungen zu überwinden. Ausgebaute Radwege gibt es ab Assinghausen und vor Wickede und Fröndenberg entlang der Bahnlinie. Im ersten Abschnitt haben Sie auch die Möglichkeit einen Ausflug zum Möhnesee zu unternehmen, der Weg verläuft durch den malerischen Forst Herdringen.

Winterberg

Von Winterberg nach Bigge 23 km

Winterberg

PLZ: 59955, Vorwahl: 02981

- **Tourist-Information**, Am Kurpark 6, ☎ 92500
- **Aussichtsturm** am Kahler Asten mit Wetterstation, ☎ 908671. Geographische Führungen.
- **Bob-und Rodelbahn**, An der Kappe, ☎ 924012. Der Eiskanal zählt zu den schnellsten der Welt. Bei rasanten Fahrten durch den berühmten „Kreisel" und die „Omega-Kurve" werden Spitzengeschwindigkeiten bis zu 150 km/h erreicht.

Um 1270 wurde die Siedlung Winterberg zur Stadt erklärt. Als Hansestadt galt sie vom 13.-17. Jahrhundert, weil sie im Schnittpunkt der Heerstraßen Köln-Kassel und Frankfurt-Soest lag. Unweit von Winterberg, in Altastenberg, ist die Schwedenschanze eindrucksvoller Zeuge aus dieser Zeit.

Aber auch das Handwerk hat hier bis heute Tradition. Löffelschnitzer aus Mollseifen, Schieferhandwerker und die Berg-Goldschmiede.

Vor 200 Jahren jedoch begann ein neuer Abschnitt in der Winterberger Geschichte. Die karge und eher arme Gegend entwickelte sich durch den Einfluss des Fremdenverkehrs zu einer aufblühenden

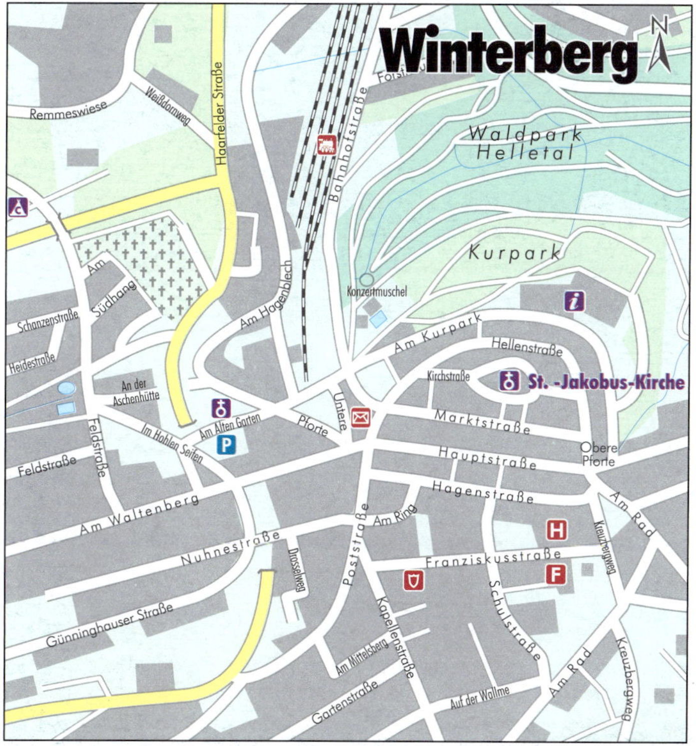

Ruhrquelle

Region. Heute zählt Winterberg zu den wichtigen Wintersportorten im Sauerland.

Das Sauerland

Das Sauerland ist ein eher dünn besiedeltes, aber ziemlich waldreiches Gebiet. Es gibt zwei verschiedene Vermutungen, woher der Name „Sauerland" stammt. Die häufiger vertretene Theorie besagt, dass sich der Name vom niederdeutschen Wort „sur" ableitet. „Sur" würde heute so viel wie schwierig bedeuten. Dies könnte darauf hinweisen, dass es früher schwierig war durch das Gebiet des Sauerlandes zu reisen. Eine andere Theorie besagt, dass der Name von Süderland kommt und somit Landgebiete, die südlich der Ruhr liegen, bezeichnet.

Das Sauerland ist ein im Rheinischen Schiefergebirge gelegenes Gebiet. Während des Devon entstanden die meisten Gesteine, deshalb sind Kalkstein und Schiefer hier am häufigsten vertreten. Vor allem im Norden des Sauerlandes gibt es viele Tropfsteinhöhlen, allerdings sind nur sehr wenige davon für Besichtigungen zugänglich. Bereits lange bevor das Ruhrgebiet wegen der Kohlevorkommen zu wachsen begann, war im Sauerland die Eisenproduktion möglich. Heute sind von der alten Industrieregion Sauerland nur mehr Reste verblieben. Der Tourismus wurde in letzter Zeit sehr wichtig für das Gebiet, auf Grund guter Luftqualität gibt es hier auch einige Kurorte, in denen man herrlich entspannen kann.

Der Ruhr-Radweg beginnt in Winterberg am Bahnhof ~ beim Verlassen des Bahnhofsgebäudes nach links wenden und bis zur Vorfahrtsstraße radeln.

Tipp: Nicht schon vorher einem Schild „Ruhrquelle" folgen; dieses leitet zu einem Wanderweg mit Stufen.

Die Vorfahrtsstraße überqueren und geradeaus weiter dem Holzschild „Zur Ruhrquelle" folgen ~ es geht bergauf auf einem asphaltierten Weg, der nur für Anlieger befahrbar ist ~ oberhalb der Stadt rechts und dann geradeaus weiter ~ der Weg führt eben durch den Wald ~ nach 2,5 Kilometern kommt eine Weggabelung ~ hier links Rich-

Hildfeld
725
Eschenberg
2
Voßmeskopf
B 480
L 740
800
Hillekopf
1
Mosenberg
675
Hille
Silberberg
750
535
Silbach
Mark
Haarfeld
Grönebacher
720
5,5
Grönebach
L 872
Dittelsbach
Forst
Egge
680
Kuhlenberg
745
Küstelberg
Schlossberg
790
Am Schlossberg
625
Winterberger
Ruhr
L 740
Ruhrquelle
Ruhrkopf
695
K 50
Namenlose
Großer Höcherkopf
765
Orke
Hochfläche
Reetsberg
Rösberg
780
Elkeringhausen
Junge Grimme
2,5
Langenberg
735
Giebel
645
Winterberg
B 236
670
Helle
Burg
615
Roth
620
15
Hohe Schlade
Poppenberg
745
Bremberg
810
Am Schneil
Ehrenscheider Mühle

Aussicht vom Ruhrkopf

tung Ruhrquelle ~ der Asphalt endet und es geht leicht bergauf, aber nur kurz ~ es geht bald wieder bergab, der Weg ist zwar nicht asphaltiert, aber sehr fest ~ an der Kreuzung geradeaus zur Ruhrquelle ~ hier können Sie das Rad hinunterschieben bis zur Quelle.

Ruhrquelle

Die Ruhrquelle ist schön angelegt, mitten im Wald entspringt die Ruhr aus der Erde und nimmt ihren Lauf bis zum Rhein.

Tipp: Sie können die Quelle auch umfahren, indem Sie sich an der vorhin erwähnten Kreuzung rechts halten und einfach eine Runde fahren.

Schließlich kommt eine Kreuzung vor der Landstraße ~ hier links ~ der Weg ist weiterhin unbefestigt mit einem Grasstreifen in der Mitte ~ an der Weggabelung können Sie sich entscheiden, ob Sie rechts oder geradeaus weiterfahren wollen.

Tipp: Der rechte Weg ist in der Folge als Hauptroute beschrieben und der Weg, der geradeaus führt, als Variante. Die erste Möglichkeit ist unbefestigt, aber gut zu befahren und befindet sich rechts der Ruhr; die zweite Möglichkeit führt auf dem Wanderweg W 1 entlang und hat bis Niedersfeld Gleichlauf mit dem Ruhrhöhenweg des Sauerländischen Gebirgsvereins; der Weg verläuft links der Ruhr.

Variante Ruhrhöhenweg

Wenn Sie bei der Weggabelung geradeaus geradelt sind, dann alsbald am neuen Info-Pavillon vorbei, wo Radlern und Wanderern der Waldbetrieb erklärt wird ~ nach zirka 1,5 Kilometern wird die zeitweise bewirtschaftete Ruhrquellenhütte vor der B 480 erreicht ~ an

Hinter Niedersfeld

der Bundesstraße geht es 50 Meter nach links, dann sofort nach rechts und nun bis Niedersfeld dem mit **XR** und **W1** markierten Ruhrhöhenweg folgen ~ dieser Weg ist geschottert, führt am Waldrand und am linken Ruhrufer entlang ~ in Niedersfeld trifft die Route auf den **Campingplatz Voßmecke**.

Auf der Hauptroute halten Sie sich rechts, hier ist der Weg nur ein kurzes Stück asphaltiert und dann unbefestigt ~ eine Schranke umfahren, denn hier ist nur land- und forstwirtschaftlicher Verkehr geduldet ~ der Zustand des Weges bessert sich, zwar kein Asphalt, aber trotzdem fest und gut zu befahren ~

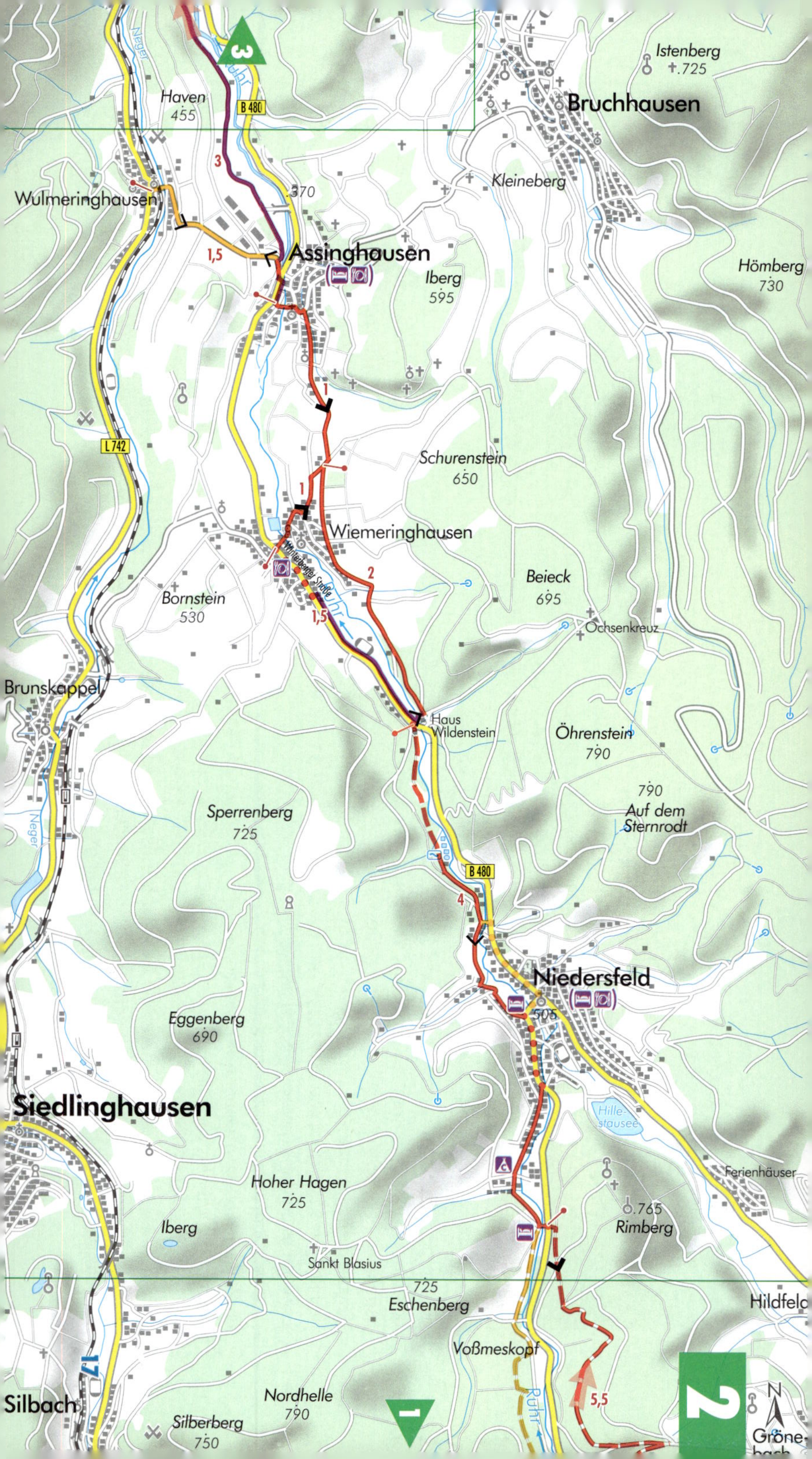

Istenberg
725
Bruchhausen
Haven
455
B 480
Kleineberg
370
Wulmeringhausen
Assinghausen
1,5
3
Hömberg
730
Iberg
595
1
Schurenstein
650
1
Wiemeringhausen
Winterberger Straße
2
Beieck
695
Bornstein
530
1,5
Ochsenkreuz
L 742
Brunskappel
Haus
Wildenstein
Öhrenstein
790
790
Auf dem
Sternrodt
Sperrenberg
725
Neger
Ruhr
B 480
4
Niedersfeld
505
Eggenberg
690
Hille-
stausee
Siedlingshausen
Ferienhäuser
765
Rimberg
Hoher Hagen
725
Iberg
Sankt Blasius
725
Eschenberg
Hildfeld
Voßmeskopf
17
5,5
Nordhelle
790
Silbach
Silberberg
750
Grönebach
2
1
3

Bei Wiemeringhausen

dem Verlauf in der Linkskurve folgen ~ an der Weggabelung rechts weiter ~ an der T-Kreuzung rechts bergauf ~ nur ein paar hundert Meter und schließlich kommt eine Viererkreuzung ~ hier links und wieder stößt man auf eine Schranke, diese umfahren und es geht weiter bis zur nächsten Weggabelung ~ hier rechts auf dem geschotterten Weg mit dem Grasstreifen in der Mitte ~ mit der Zeit wird der Weg immer erdiger und führt leicht bergauf ~ an einem größeren Platz geradeaus weiter ~ der Weg führt leicht bergab mit einem Grasstreifen in der Mitte ~ es geht dann mal stärker bergab und schließlich gelangt man an eine Schranke, diese umfahren ~ an der nächsten Kreuzung geradeaus weiter ~ rechts hinauf geht's zum Rimberg ~ an der Weggabelung links ~ der Weg ist weiterhin unbefestigt und holprig und führt bergab bis zur **B 480** ~ vis à vis der Gokartbahn an die Bundesstraße und links ~ als Alternative kann natürlich immer auf der Bundesstraße gefahren werden ~ in die erste Straße rechts abbiegen beim **Landhaus Eschenberg** ~ zuerst über die Brücke und so nach **Niedersfeld**.

Links befindet sich der **Campingplatz Voßmecke** mit der gemütlichen „Pfeffermühle" ~ rechts und an der Gokartbahn vorbeifahren ~ an der Kreuzung geradeaus weiter ~ auf dieser Straße an die Vorfahrtsstraße und hier links abbiegen.

Niedersfeld

Durch den Ort auf der Durchfahrtsstraße, der **Ruhrstraße**, im Verkehr.

Tipp: Um dem Verkehr auszuweichen, können Sie den breiten Gehsteig nutzen.

Im Ort links in die Straße **In der Stammecke** bei der Pension „Geilen Gockeln" ~ hier

Assinghausen

in einer verkehrsberuhigten Zone fahren ~ es folgt ein Rechtsbogen und bei der Gabelung auf dem unteren Weg weiterfahren ~ an der Kreuzung rechts weiter neben dem Holzzaun ~ es geht vorbei am Sägewerk ~ vor der Brücke beginnt dann der Radweg, dieser verläuft eben und anfangs asphaltiert, dann unbefestigt ~ an der Kläranlage vorbei ~ der Radweg endet im Rechtsbogen an der B 480 ~ diese überqueren ~ hier befinden sich Radwegweiser mit Ortsnamen.

Tipp: Ab hier gibt es zwei Möglichkeiten bis Wiemeringhausen weiterzufahren, entweder auf dem Radweg neben der

Kuhweide bei Assinghausen

Bundesstraße, oder auf einem ruhigen Wirtschaftsweg abseits der Straßen.

Haben Sie den Radweg gewählt, dann auf dem Radweg nach links Richtung Olsberg 10 Kilometer ~ dieser verläuft rechts unterhalb der Bundesstraße neben den Kuhweiden ~ so erreicht man Wiemeringhausen.

Falls Sie sich für den ruhigen Wirtschaftsweg entschieden haben, fahren Sie auf dem Radweg nach rechts, vorbei am Haus Wildenstein, und gleich danach links hinauf ~ nach wenigen Metern wieder links in den asphaltierten Weg und bei der Weggabelung auch links ~ nach insgesamt 1,5 Kilometern erreicht man Wiemeringhausen ~ an der Kreuzung geradeaus weiter bis zur Kreuzung Richtung Assinghausen.

Wiemeringhausen

PLZ: 59939; Vorwahl: 02962

i **Haus des Gastes,** Ruhrstr. 32, Olsberg, ✆ 97370

Wiemeringhausen ist bis heute Dorf geblieben. Abseits von Industrie und Lärm kann man das gesunde Klima der Mittelgebirge genießen. Ein Wegenetz zieht sich durch die beschauliche Landschaft auf dem es sich bequem und ohne größere Anstrengung wandern lässt.

Hier mündet der Radweg in die Straße und durch den Ort auf der **Winterberger Straße** ~ weiterhin Richtung Olsberg 8 Kilometer ~ rechts in die **Ibergstraße** ~ an der Volksbank und an der Kirche vorbei ~ es geht bergauf ~ in der Rechtskurve in die zweite links fahren und oben am Iberg geradeaus weiter Richtung Assinghausen ~ vom Wirtschaftsweg kommend an der Kreuzung Richtung Olsberg/Assinghausen rechts ~ an der Weggabelung kurz darauf links ~ es geht bergab an einer Küsterlandkapelle vorbei und immer geradeaus weiter auf dem Asphaltweg ~ der nächste Ort ist Assinghausen.

Assinghausen

PLZ: 59939; Vorwahl: 02962

i **Verkehrsverein Assinghausen,** Ruhrstr. 32, Olsberg, ✆ 2878

- **Fachwerkhäuser mit Original-Inschriften**
- **historischer Zehntspeicher**
- **Grimme-Denkmal.** Dem Heimatdichter Friedrich-Wilhelm Grimme gewidmet.
- **Johannesstollen** in Wulmeringhausen, ✆ 1047. Historischer Bergbau. Führungen auf Anfrage
- **Küsterland.** Park mit barocker Kapelle, Ölberg- und Lourdesgrotte

Das 700 Jahre alte Assinghausen gilt als eines der schönsten Dörfer Deutschlands und wurde 1989 mit der Goldmedaille zum Bundesgolddorf ausgezeichnet. Dieser Bewerb stand unter dem Motto „Unser Dorf soll schöner werden".

Sie gelangen an die Vorfahrtsstraße und folgen hier dem Schild nach links ~ wieder links Richtung Spielplatz in die **Grimmelstraße** ~ an der nächsten rechts weiter Richtung

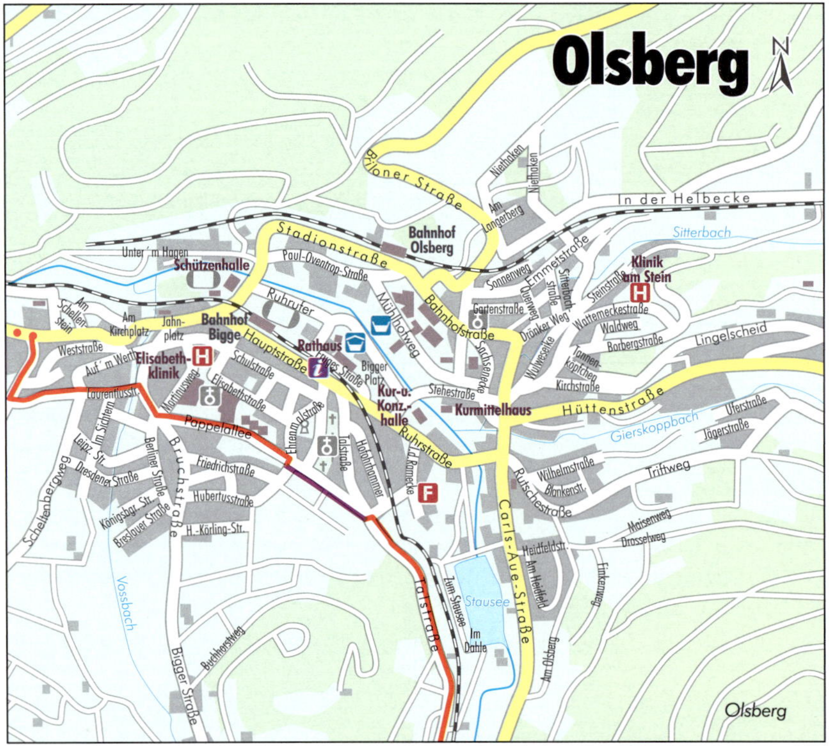

Spielplatz ~ es folgt eine Unterführung unter der B 480 hindurch ~ absteigen und das Rad führen ~ gleich danach nach rechts wenden ~ an der Vorfahrtsstraße links weiter Richtung Wulmeringhausen ~ dann rechts dem Radschild folgend Richtung Spielplatz ~ gleich wieder rechts auf den Rad- und Fußweg ~ die Einfahrt ist ziemlich versteckt und der Weg führt zwischen den Bäumen entlang und bergab ~ auf dem Asphaltweg, der mittlerweile nur für Anlieger frei ist, an den Kuhweiden entlang ~ an der Kreuzung geht's geradeaus weiter dem Radschild folgend ~ links und rechts säumen Bäume den Weg, der jetzt ansteigt ~ danach ist der Weg wieder eben ~ rechts unten fließt die Ruhr ~ in den Wald hinein und es geht steil bergab ~ die Bahn wird überquert, dann rechts vor bis zur Kreuzung mit der L 742 ~ links wieder über die Bahngleise ~ ein kurzes Stück auf der Straße und dann rechts hinauf direkt links neben der Bahn weiter ~ dieser Weg ist als Rad- und Fußweg gekennzeichnet und für land- und forstwirtschaftlichen Verkehr frei ~ er verläuft oberhalb der Bahn durch den schattenspendenden Wald ~ auf dem Asphaltweg geht es leicht bergab und man befindet sich auf einmal direkt neben der Bahn ~ gleichzeitig werden die ersten Häuser von Olsberg passiert.

3
Nuttlar
Antfeld
.555
Langer Berg
B 480
Dümel
B 7
Im Hagen
485
Bestwig
Ruhr
Ostwig
2,5
Steinberg
.450
L 743
Schloss Schellenstein
Gierskopp
Ruhrstraße
Gebkerweg
Breberg
465
K 15
Losenberg
520
1
335
Laurentiusstraße
Im Hagen
505
Bigge
Olsberg
L 743
Velmede
Pappelallee
Schloss
385
Gevelinghausen
Veledahöhle
Ostenberg
K 45
L 776
Valme
Elpe
K 16
4
Olsberg
.705
K 16
1,5
Helmeringhausen
320
4,5
K 44
Heringhausen
Scheltenberg
545
Steinhelle
615
Halbeswig
Am Löh
515
Haardtkopf
440
B 480
350
Heidkopf
715
Ohlenberg
Andreasberg
730
Wiedegge
Auf der Burg
625
Haardt
Wiggeringhausen
L 742
Neger
2
K 44
K 44
Ramsbeck
Hülsberg
Wulmeringhausen
Haven
455

Am Umspannwerk vorbei und in die verkehrsberuhigte Zone ~ im Linksbogen fahren, aber weiterhin neben den Gleisen bleiben ~ rechts zwischen den Bäumen können Sie einen kleinen Teich erkennen ~ zur Rechten liegt auch Olsberg ~ vor allem die Kirche ist gut zu erkennen ~ nun der Beschilderung des R 47 hinauf Richtung Friedhof folgen ~ geradeaus führt der Weg ins Zentrum, falls Sie dieses besuchen wollen.

Olsberg

PLZ: 59939; Vorwahl: 02962

- **Gastinformation Olsberg-Touristik**, Ruhrstr. 32, ✆ 97370
- **Laurentiuskirche.** Modernste Kirche im Bistum Paderborn.
- **Kunstatelier Suberg**, Olsberg-Elleringhausen, ✆ 97370, ÖZ: Mo-Sa 10-12.30 Uhr u. 15-18.30 Uhr, Do u. Sa nachmittags geschlossen.
- **Maxstollen**, Eisensteinbergwerk im „Briloner Eisenberg", ✆ 97370. Besichtigung von Außen möglich. Führung auf Anfrage.
- **Naturpark Antfelder Wald** mit Schloss Antfeld (1716).
- + **Brambor**, Ruhrstraße, ✆1508

Am Oberlauf der Ruhr, den Nebenflüssen Elpe, Neger und Gierskopp, eingebettet zwischen Bergketten, liegt die junge Stadt Olsberg. Olsberg wird auch als das Tor zum Hochsauerland bezeichnet und erfreut sich großer Beliebtheit als Kneipp-Kurort. Die Stadt entstand im Rahmen einer kommunalen Neugliederung durch den Zusammenschluss mehrerer umliegender Gemeinden.

Einige Stadtteile können auf eine dokumentierte, lange zurückliegende Geschichte blicken. So wird z. B. Bigge zum ersten Male im Jahre 1222 in der Urkunde „Sacerdos de Bigge" genannt. Elleringhausen findet seine erste urkundliche Erwähnung um das Jahr 1270 als „Ellhardinchusen". Antfelden wird im Zusammenhang mit einer Ministerialfamilie in den Jahren 1259, 1269 und 1279 erwähnt. Und Brunskappel blickt durch die Grundsteinlegung zur „Bru-nonis capella" 953 durch den Kölner Erzbischof Bruno I, Bruder Kaiser Ottos des Großen, auf eine über tausendjährige Geschichte zurück.

Die wirtschaftliche Entwicklung ist durch einen starken Rückgang der Erwerbstätigen in der Land- und Forstwirtschaft und des verarbeitenden Gewerbes geprägt. Große Bedeutung haben heute die medizinischen Einrichtungen. Den Grundstein dafür legte Dr. Grüne, ein Schüler von Pfarrer Kneipp, 1894 mit dem Bau eines Kneipp-Sanatoriums.

Zum Friedhof auf einer Straße mit dem Namen **Pappelallee**, die jedoch mit Linden bestanden ist ~ die Straße ist für Motorfahrzeuge gesperrt ~ es geht geradeaus weiter ~ am Friedhof vorbei und nach Bigge.

Bigge

PLZ: 59939; Vorwahl: 02962

- **Haus des Gastes**, Ruhrstr. 32, ✆ 97370
- **Pfarrkirche St. Martinus.** Der ca. 60 m hohe wuchtige, romanische Turm ist der älteste Teil der Kirche. Im Längsschiff befindet sich eine barocke Innenausstattung. Sehenswert sind der Prospekt der historischen Johann-Markus-Österreich-Orgel und die farbigen Rosetten- und Hochaltarfenster.
- **Fachwerkhäuser**, im Bereich der Mittelstraße.
- **Adler Apotheke**, Hauptstr. 46.
- **Schloss Schellenstein.** Ab 1180 kurkölnisches Lehen. 1904 wurde hier die Josefsgesellschaft gegründet, die sich zusammen mit anderen Einrichtungen um die Rehabilitation behinderter Menschen kümmert. Heute sind darin Wohnungen untergebracht.

In der Ortschaft Bigge befindet sich das Schloss Schellenstein, das erstmals im Jahre 1270 erwähnt wurde. Das heutige Gebäude wurde zu Beginn des 18. Jahrhunderts errichtet und etwa 1850 noch durch zwei Seitenflügel erweitert. Der Name des Schlosses stammt von dem lateinischen Wort scala, was soviel wie Treppe, Fels in den Stromschnellen bedeutet und von dem Wort „dion", was soviel wie Stein, Fels aber auch Burg bedeutet, ab. Somit kann man den Namen Schellenstein als von der Ruhr umspülten Fels, auf dem eine Burg gebaut wurde erklären. In früherer Zeit muss die Lage der Burg strategische Bedeutung gehabt haben. Die Burgen des 8. bis 10. Jahrhunderts liegen im Gegensatz zu den Fluchtburgen, die gut zu verteidigen waren, nicht auf hohen Bergen, sondern auf niedrigeren Felsen. Zusätzlich sind diese Burgen auch mit wichtigen Straßen verbunden. Durch solche Burgen wurde die Herrschaftsausübung über das Gebiet erleichtert. 1904 wurde auf Schloss Schellenstein die erste Einrichtung für körperlich behinderte Personen von Seiten der katholischen Kirche gegründet. Aus dieser Gründung entstand schließlich das Josefsheim, das auch heute noch wichtigen Einfluss auf das soziale und wirtschaftliche Leben in Bigge hat. Nach dem Ende des 2. Weltkrieges wurde das Schloss Zufluchtsort für ausgebombte Familien. 1979 ließ es der damalige Besitzer Karl Ames aus Rösenbeck renovieren. 1983 musste der Besitzer das Schloss wegen der gigantischen Renovierungskosten verkaufen, die neuen Besitzer ließen das Gebäude jedoch weiter renovieren und wollten ein Schlosshotel daraus machen. Allerdings ließ sich diese Vorstellung nicht verwirklichen, weil es im Hauptgebäude zu wenige, aber dafür zu große Zimmer gab. 1996 wurde das Schloss wiederum verkauft. Der Käufer, ein Immobilienhändler namens Malessa, zog samt Familie und Angestellten ein. Er ließ wieder Renovierungsarbeiten durchführen. Das Schloss wurde in 8 Wohnparteien unterteilt, im Keller des Schlosses richtete er einen Gastronomiebetrieb ein. Die ersten Wohnungen wurden 1998 verkauft. Heute wird das Schloss von den Wohnungsbesitzern als Urlaubssitz oder ständiger Wohnsitz verwendet.

Aussicht bei Gevelinghausen

Von Bigge nach Meschede — 15 bzw. 17 km

Von der **Pappelallee** an eine Querstraße, nachdem die rot-weißen Ständer hinter sich gelassen wurden ~ diese Straße überqueren und nun rechts am Sportplatz und am Bildungswerk vorbeiradeln ~ es geht leicht bergab ~ zu einer Kreuzung und hier rechts abbiegen ~ dann links in die **Laurentiusstraße** dem Radschild zum R 47 folgend ~ es geht

Vor Heringhausen

bergab, die Straße macht eine Rechtskurve und heißt nun **Norbachstraße** ~ schließlich zum Kreisverkehr.

Tipp: Ab hier gibt es wieder zwei Möglichkeiten weiterzufahren, entweder über Bestwig oder über Heringhausen. Die Strecke über Bestwig ist 15 Kilometer lang und die andere Strecke 2 Kilometer länger.

Alternative über Heringhausen

Im Kreisverkehr die Ausfahrt Ostwig/ Gevelinghausen nehmen ~ es geht zuerst mal bergauf und auf dieser Straße zwei Kilometer bis Gevelinghausen.

Gevelinghausen

PLZ: 59939, Vorwahl: 02962

- **Heimat- und Verkehrsverein,** ✆ 3892.
- **Töpferatelier Wydra-Jantz,** Olsberg-Gevelinghausen, Kreisstr. 20, ✆ 02904/2082, ÖZ: Mo-Fr 15-18 Uhr, Sa 10-13 Uhr.
- **Freizeitpark „Fort Fun",** ✆ 02905/810, ÖZ: April-Okt., Mo-So 10-18 Uhr.

Gevelinghausen liegt an einem der schönsten Täler des Sauerlandes, dem Elpetal. Urkundlich erwähnt wurde der Ort zum ersten Mal 1277, allerdings ist durch Fundstücke bezeugt, dass das Gebiet bereits früher besiedelt worden war. Der berühmteste Fund ist eine Bronzeamphore aus dem 8. Jahrhundert vor Christus, die zuletzt im 5. Jahrhundert vor Christus als Urne verwendet wurde. Experten bezeichnen diese Amphore als das schönste Bronzegefäß nördlich der Alpen. Aus den Jahren 1543/44 ist zum ersten Mal ein urkundlicher Beleg für die Schlosskapelle überliefert. Der 30-jährige Krieg richtete großen Schaden in der kleinen Ortschaft an, von den 15 Höfen waren nach Abschluss des Krieges nur mehr zwei erhalten. 1866 wurde Gevelinghausen schließlich zur selbstständigen Gemeinde, nachdem es zuvor lange Zeit zur Gemeinde Velmede gehört hatte. Besonders eindrucksvoll ist die Aussicht vom Ohlenberg. Wanderwege durch Laub- und Nadelwälder führen die Besucher zum Kreuz auf den Ohlenberg. Dieser 729 m hohe Berg bietet einen wunderbaren, einmaligen Rundblick.

Bestwig

Durch den Ort und Richtung Ostwig ~ in der Rechtskurve zirka einen Kilometer hinter Gevelinghausen links Richtung Heringhausen ~ es geht leicht bergab ~ eine Brücke überqueren und an die Vorfahrtsstraße ~ hier links auf die **Bestwiger Straße** ~ Sie befinden sich bereits in Heringhausen.

Heringhausen

Durch den Ort auf der Straße, oder auf dem Gehsteig auf der rechten Seite fahren, der ist breit genug ~ vor der S-Kurve rechts in die Sackgasse ~ in einer Rechtskurve geht's bergauf ~ auf dem asphaltierten Wirtschafsweg ~ es folgt eine Linkskurve und dann geradeaus ~ schließlich an der Vorfahrtsstraße rechts abbiegen ~ die Straße ist holprig und führt bergab ~ dem Verlauf dieser Vorfahrtsstraße Richtung Wehrstapel folgen ~ bei Nierbachtal bei der ersten Einfahrt rechts abfahren.

Nierbachtal

Zu Beginn ist der Weg asphaltiert ~ links auf dem unbefestigten Weg weiterfahren ~ vorbei am Reitstall ~ der Weg ist neu angelegt und Sie gelangen kurz vor Wehrstapel erst wieder auf die L 916 ~ hier rechts und Wehrstapel empfängt Sie.

Wehrstapel

Im Ort an die **Wehrstapeler Straße** und erst mal rechts ~ bei der nächsten gleich wieder links Richtung Eversberg ~ die Bahn und die Ruhr überqueren ~ vor der Linkskurve links in die verkehrsberuhigte Zone.

Meschede

Für die Hauptroute den Kreisverkehr in Bigge Richtung Meschede/Nuttlar verlassen ~ zirka 1,1 Kilometer im Verkehr radeln und dann links abbiegen ~ es gibt hier auch ein Radschild auf der Leitplanke zur Rechten ~ es handelt sich um einen asphaltierten Wirtschaftsweg ~ der Belag wird einmal kurz unterbrochen, setzt sich aber bald wieder fort ~ es geht bergauf kurz vor Ostwig ~ 2,5 Kilometer hinter der Kreuzung erreichen Sie den Ort.

Geradeaus weiter auf dem Wirtschaftsweg an den ersten Häusern vorbei ~ es geht bergab in einer verkehrsberuhigten Zone ~ schließlich auf den Marktplatz.

Ostwig

Zur Rechten befindet sich die Kirche, hier links ~ an der Vorfahrtsstraße rechts abbiegen ~ kurz vor Ortsende dem Schild links auf den Rad- und Fußweg folgen ~ dieser geleitet Sie nach Bestwig ~ dort mündet er bei der Ampelkreuzung in den straßenbegleitenden Radweg.

Bestwig

Auf diesem Radweg geht's am Bahnhof vorbei und danach gleich rechts über die Bahn dem Radschild von R 12 und R 14 folgend ~ sofort nach den Gleisen links in die **Ruhrstraße** ~ der Weg ist unbefestigt ~ nach zirka 1,5 Kilometern die Ruhr auf einer Brücke überqueren und geradeaus weiter auf dem Rad- und Fußweg hinauf bis zur Vorfahrtsstraße ~ hier links und zunächst mal geradeaus ~ danach rechts hinunter zur Vorfahrtsstraße ~ genau gegenüber vom **Gasthof Walburga** zur Kreu-

Aussicht hinter Meschede

zung und rechts abbiegen ~ sofort wieder links in den **Gebkerweg** ~ zur Linken liegt Velmede ~ unter der Brücke der Autobahnauffahrt hindurch ~ bei der Weggabelung links ~ es gibt ein Schild, aber leider unleserlich ~ weiterhin dem Verlauf des Asphaltweges folgen ~ zur Linken die Ruhr ~ es geht bergauf ~ zur Rechten erhebt sich die Autobahnbrücke ~ der Weg verläuft nun nach links und entfernt sich somit von der Autobahn ~ es geht bergab ~ an der T-Kreuzung rechts und danach an der Vorfahrtsstraße links ~ die Straße heißt **Am Bahnhof**.

Tipp: An der nächsten Kreuzung treffen die beiden Routen wieder zusammen.

Noch vor der Brücke rechts in die verkehrsberuhigte Zone abbiegen.

Auf dem Asphaltweg neben der Bahn weiter ~ an der Kreuzung links hinunter in die Straße **Am Schützenplatz** ~ an der T-Kreuzung rechts hinauf und gleich an der nächsten Kreuzung links in den **Birmeckerweg** ~ dieser ist nur für Anlieger und Radfahrer frei ~ zunächst geht's geradeaus, nach zirka 1,5 Kilometern folgt eine Rechtskurve mit anschließendem Linksbogen ~ danach weicht der Asphalt und Kies tritt an seine Stelle ~ der Belag ist aber sehr fest mit einem Grasstreifen in der Mitte ~ links unten fließt die Ruhr und direkt vor Ihnen liegt Meschede ~ rechts neben der Bahn werden die ersten Häuser der Stadt erreicht ~ der Weg entfernt sich von den Gleisen ~ aus dem **Trappweg** kommend links weiter in die **Kolpingstraße** ~ die Bahn überqueren und dann weiter links neben den Gleisen ~ in die **Le-Puy-Straße** und links über die **Coventry-Brücke**.

Radweg bei Meschede

Meschede

PLZ: 59872; Vorwahl: 0291

Touristikbüro Meschede, Franz-Stahlmecke-Platz 2, ✆ 205277

Stadtarchiv, Hauptstr. 38-40, ✆ 205412. Urkunden und Akten zu Welt-, Europa-, Deutsche-, Stadt- und Ortsgeschichte, Zeitungen, Fotos, Luftbilder, Plakate und Karten.

Pfarrkirche St. Wallburga (1663/64). Auf den Fundamenten einer karolingischen Anlage (um 900) errichtet. Eine dreischiffige Hallenkirche zeigt im Inneren Züge des gotisierenden Barocks, Altargeräte aus dem 16. Jh. und Reste der barocken Ausstattung. Die Krypta besteht aus einem karolingischen tonnengewölbten Zugangsstollen und einem halbkreisförmigen Mittelraum aus romanischer Zeit.

4
5
3
Meschede
Bestwig
Eversberg
Velmede
Wehrstapel
Heinrichsthal
Laer
Galiläa
Enste
Berghausen
Mülsborn
Niederbachtal
Halbeswig
Heggen
Beringhausen
Löttmaringhausen
Schederberge
Haus Dortmund
Wolfskopf
400
Hardt
460
Eiserkaulen
460
Hülsenberg
445
Heineberg
505
Halberg
475
Klimberg
505
Sündelt
420
Hüppelsberg
405
Langenberg
435
Schatenberg
415
Vogelsang
595
Hardt
585
Alert
515
Heimberg
570
Auf der Burg
625
Am Sterz
505
Tannenberg
490
Köpperkopf
Ulmecke
Windhäuser
Veledahöhle
Kehren
Hennesee
Ruhr
Kleine Henne
Nierbach
Kolpingstraße
Birmeckerweg
Am Schützenplatz
Unter der Helle
Berghauser Weg
Gebkerweg
A 46
B 55
B 7
L 743
L 740
L 915
L 914
K 45
K 44
K 43
2,5
5
3,5
6,5
3
9
260
335
390
27

Evangelische Christuskirche (1839). Ein klassizistischer Saalbau, der seine einheitliche Ausstattung bewahrt hat.

Das Stift Meschede wird 913 erstmals urkundlich erwähnt. König Konrad I. verleiht dem Stift die Rechte auf Immunität und freie Äbtissinenwahl. Es wurde um 875 durch Emhildis aus dem Hause der Grafen des Lochtropgaues gegründet. 1310 wird das Damenstift von Erzbischof Heinrich in ein Kanonikerstift umgewandelt. Im Jahre 1805 wird das Stift aufgehoben und der Besitz beschlagnahmt.

Mit Fertigstellung der Bahn im Jahre 1871 gibt es in Meschede einen regelmäßigen Personen- und Frachtgutverkehr.

Im Zweiten Weltkrieg werden bei Fliegerangriffen fast 80 Prozent der Stadt zerstört.

Bei der kommunalen Neuordnung 1975 werden einige bis dahin selbständige Städte und Gemeinden zusammengefasst und bilden seither die neue Stadt Meschede.

Von Meschede nach Arnsberg 31,5 km

Tipp: Von Meschede aus können Sie die Hauptroute auf einer steigungsfreien Alter-

native abkürzen. Diese Alternative ist in den Karten 4 und 5 orange dargestellt.

An der **Arnsberger Straße** links ~ bei der Volksbank rechts in den **Klausenweg** ~ es geht recht kurvenreich bergauf mit 15% Steigung ~ auf dem **Berghauser Weg** nach Berghausen.

Berghausen

Sie gelangen an eine Kreuzung und fahren rechts in die **Birkenallee** ~ an der Weggabelung links ~ es geht bergab und an der nächsten Kreuzung wieder links ~ danach rechts in einer Runde und wieder links, so dass Sie zur B 55 kommen ~ hier nach rechts ~ auf der linken Straßenseite gibt es einen Fuß- und Radweg ~ am Ende des Parkplatzes die Straße überqueren und rechts einbiegen ~ der Weg ist mit einer Schranke versehen und nur für Anlieger frei ~ das Rad um die Schranke führen und dann geht's wieder mal bergauf ~ am Waldrand entlangradeln ~ die ersten hundert Meter sind asphaltiert, danach gekiest ~ es ist holprig und der Weg fällt leicht ab ~ ab der nächsten Kreuzung ist der Weg wieder asphaltiert und es geht bergab nach Mülsborn.

Mülsborn

Auf einer Kiesstraße an eine Querstraße im Ort und hier rechts ~ es gibt auch ein Radschild vom R 14 ~ nun Richtung Calle zwei Kilometer ~ an der L 840 links abbiegen Richtung Calle/Freienohl.

Calle

Im Ort Richtung Berge/Wallen auf der Ortsdurchfahrtsstraße ~ durch Voßwinkel nach Wallen.

Wallen

Hier auf der Ortsdurchfahrtsstraße Richtung

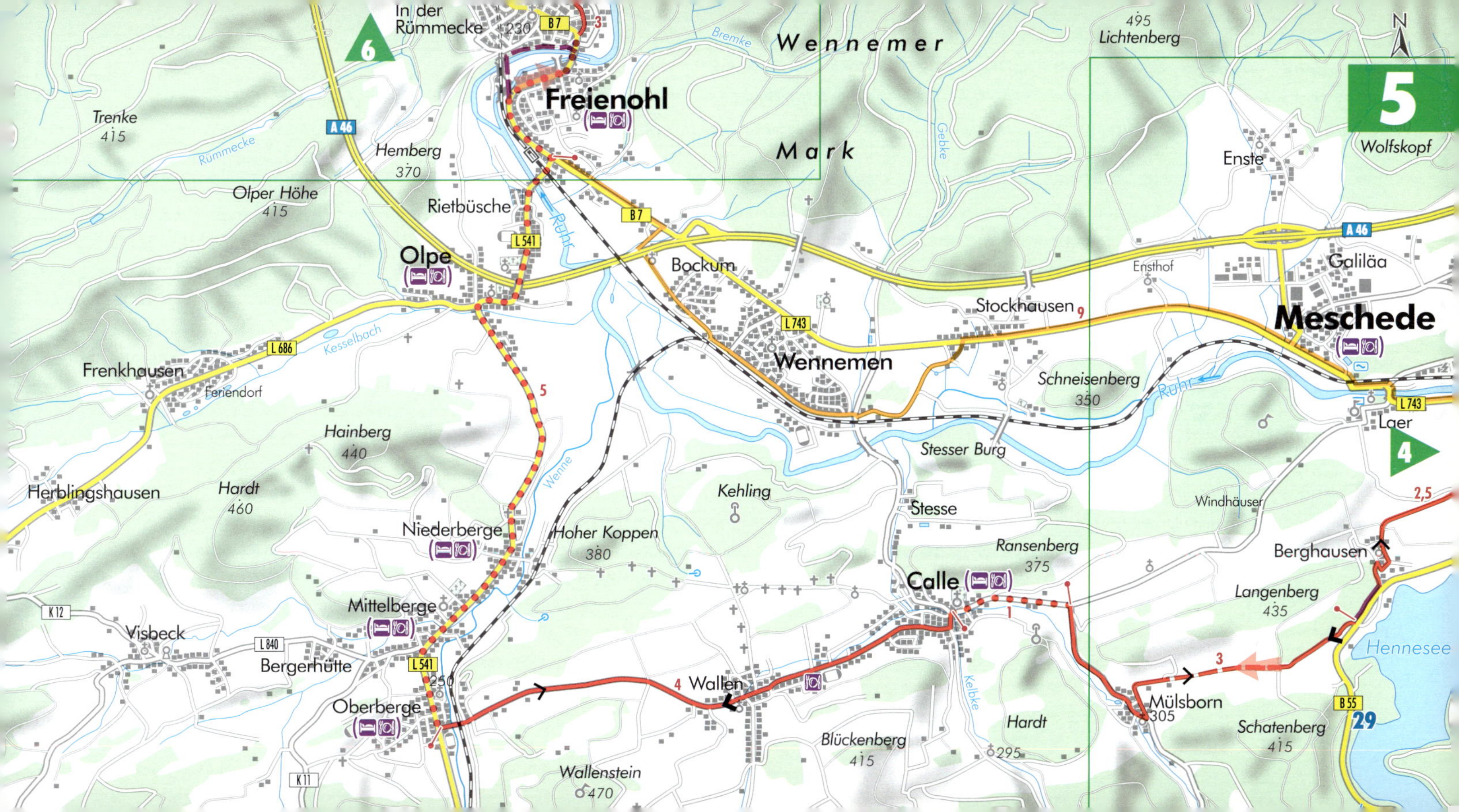

In der Rümmecke
230
B 7
3
6
Bremke
Wennemer
Mark
495
Lichtenberg
N
5
Wolfskopf
Trenke
415
Rümmecke
A 46
Hemberg
370
Freienohl
Gebke
Enste
Olper Höhe
415
Rietbüsche
Ruhr
B 7
A 46
L 541
Olpe
Bockum
Ensthof
Galiläa
Stockhausen
9
Meschede
L 743
Wennemen
Frenkhausen
L 686
Kesselbach
Feriendorf
5
Schneisenberg
350
Ruhr
L 743
Laer
Hainberg
440
Stesser Burg
4
Herblingshausen
Hardt
460
Wenne
Kehling
Windhäuser
2,5
Stesse
Niederberge
Hoher Koppen
380
Ransenberg
375
Berghausen
Calle
Langenberg
435
K 12
Mittelberge
1
Visbeck
L 840
Bergerhütte
Hennesee
3
L 541
250
4
Wallen
Kelbke
Mülsborn
305
B 55
29
Oberberge
Hardt
Schatenberg
415
Blückenberg
415
295
Wallenstein
470
K 11

Berge ~ auf der rechten Straßenseite auf dem Mehrzweckstreifen radeln, um dem Verkehr auszuweichen ~ am Ortsende geht's bergauf, dann aber gleich stark bergab und vor Ihnen liegt Berge ~ vor der Bahnüberquerung gibt es ein kurzes Stück einen Fuß- und Radweg neben der Straße ~ dieser endet aber noch vor der Bahn, welche nun überquert wird ~ schon befinden Sie sich in Berge.

Berge

An der Kreuzung mit der Vorfahrtsstraße rechts abbiegen ~ den rechten Gehsteig benützen, denn dieser ist sehr breit ~ den Ort Richtung Olpe durchfahren ~ es sind zwei Kilometer, die im Verkehr gefahren werden müssen ~ die Straße ist nicht sehr breit, aber doch relativ stark befahren.

Olpe

Es gibt mehrere Städte mit der Bezeichnung Olpe, was soviel bedeutet wie „sumpfiger Wiesenbach". Der kleine Ort wurde bereits im frühen 13. Jahrhundert erwähnt und durch seine wechselnden Besitzverhältnisse geprägt. Laut Johann von Berswordts Werk „Westfälisches adliges Stammbuch" existierte eine westfälische adelige Familie von Olpe, jedoch ist über dieses Rittergeschlecht wenig bekannt. Auch ist von dem alten Rittergut keine Spur mehr vorhanden. Über die Vergangenheit Olpes geben nur die Geschichtsquellen Aufschluss.

Im Ort auf einen Radstreifen ausweichen ~ rechts Richtung Freienohl ~ die Ruhr und die Bahn überqueren und Sie befinden sich nun in Freienohl. Es beginnt auf der rechten Seite ein Rad- und Fußweg.

Freienohl

An der Ampelkreuzung mit der B 7 links ~ ebenfalls auf der rechten Seite befindet sich ein rot gepflasterter Rad- und Fußweg ~ dieser endet aber schon bald ~ ein kurzes Stück auf der Straße ~ zu Beginn der Rechtskurve teilt sich der Weg ~ den oberen nehmen, der zu einem kleinen Häuschen führt, das am Brückenkopf einer Fußgängerbrücke steht, und am Häuschen vorbei die Ruhr überqueren ~ danach geht's am Ruhrufer entlang bis an die Vorfahrtsstraße in Freienohl ~ hier links und schon bald rechts in die **Konrad-Adenauer-Straße** ~ rechts unten liegen die Sportplätze ~ zur Vorfahrtsstraße **Alte Wiese** und hier rechts dem Radschild folgend ~ geradeaus über die Brücke und danach im Linksbogen über die kleine Schleuse in die Straße **Im Langel** ~ es beginnt auf der rechten Seite ein Rad- und Fußweg ~ am Beginn der Brückenrampe weist ein R12-Schild nach rechts ~ nach dem Gewerbegebiet geht´s durch Feuchtwiesen auf eine Fußgänger- und Radfahrerbrücke zu ~ am anderen Ufer nach rechts entlang der Ruhr auf einem freigegebenen Wasserwirtschaftsweg ~ nach Auwald und Wiesen kommt eine Straße ~ hier nach rechts und wieder über die Ruhr ~ weiter in der Linkskurve ~ ein Stück weiter an die Vorfahrtsstraße und hier links abbiegen ~ auf der Straße rechts am Segelfluggelände vorbei und zur Rechten liegt Glösingen ~ auf der Straße in das gleich anschließende Oeventrop ~ die Ruhr auf dem Rad- und Fußweg überqueren, der kurz vor der Brücke beginnt.

Tipp: Nach der Brücke an der Ampel weisen die Schilder des R 12 nach rechts. Es

Niedereimer
B 229
7
Schreppenberg
Wintrop
Packweg
Heinberg
395
Haskers Brücher
405
Packweg
6
Kuhnsberg
420
Lattenberg
L 735
Obereimer
L 735
Damberg
415
A 46
Uentrop
Lüsenberg
265
Wintroper Weg
200
2,5
Ruhr
Schloss
Kreuzberg
L 735
Dinschede
Glösingen
Eckernkopf
355
3
Rumbecker Hammer
Am Damberg
Damberg
320
Segelflugplatz
220
Brumlingsen
Lüttkeberg
Twiete
L 685
L 735
B 7
Oeventrop
K 13
Seltersberg
300
250
Rumbecker Bruch
2
2,5
205
Scheidekopf
320
Arnsberg
Rumbeck
5
In der Giesmecke
L 735
B 7
Langel
3,5
3
Hopfenberg
350
Hünenburg
320
Gierskämpen
Im Langel
Küppel
Dickenbruch
In der Rümmecke
Wennemer
Freienohl
L 839
A 46
Mark
Schuhmachers Kopf
320
Stierkopf
365
230
31
L 685
Arnsberger Stadtwald
Trenke
415
5
Hennsenberg
B 7

Arnsberg - Altstadt

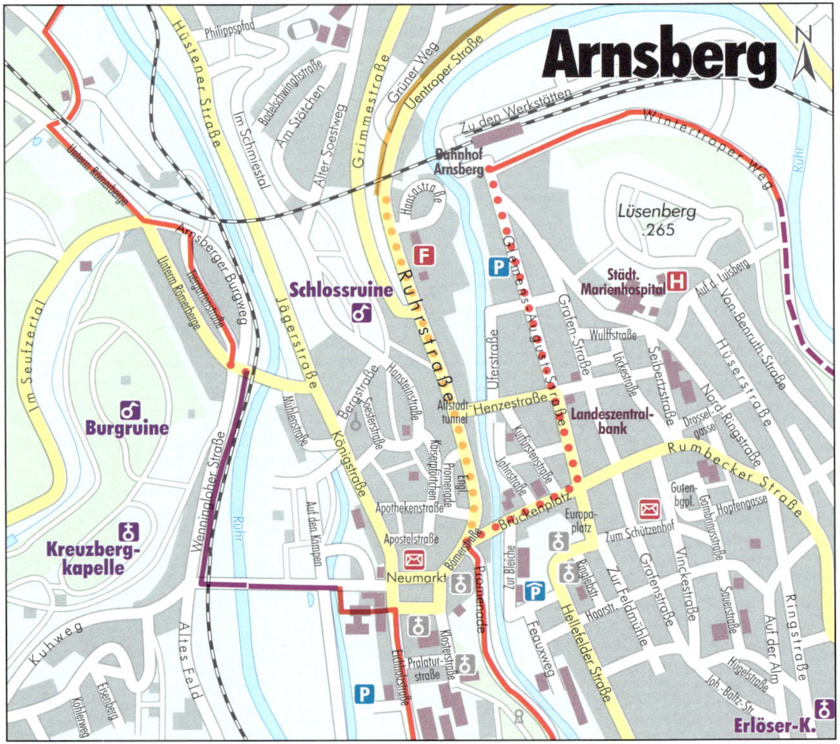

gibt aber auch noch eine andere Möglichkeit die Route fortzusetzen, über die Hünenburg. Über die Hünenburg ist es um 0,5 Kilometer länger, aber der letzte Kilometer ist nicht asphaltiert, dafür aber ruhig und abseits vom Verkehr. Die Variante entlang der B 7 ist durchgehend asphaltiert, verläuft aber direkt neben der stark befahrenen Bundesstraße.

Oeventrop

An der B 7 entlang

Wenn Sie dem Radschild folgen wollen, nach der Brücke rechts in das Gewerbegebiet ~ an der Hauptstraße, der

Ein Blick zurück auf Arnsberg

B7, nach rechts und den linksseitigen Rad- und Fußweg benutzen ~ so die Ruhr überqueren ~ auf der Rad- und Fußwegbrücke über die Ruhr an der Abzweigung nach Rumbeck und dann weiter geradeaus auf dem linksseitigen Radweg.

Über die Hünenburg

Für den Weg über die Hünenburg an der Ampel geradeaus auf den linksseitigen Rad- und Fußweg ~ an der B 7 geradeaus in den Weg **Zur Hünenburg** ~ es geht zunächst bergauf ~ ab den letzten Häusern ist es nur mehr Anliegern gestattet weiterzufahren ~ an der Kreuzung geradeaus weiter in den Wald hinein ~ der Asphalt endet und es geht leicht bergab ~ der Bahn nähern ~ der Weg führt geradeaus über die Brücke, weiterhin neben der Bahn auf dem Kiesweg ~ rechts unten fließt die Ruhr und schließlich zur Brücke.

Tipp: An dieser Stelle treffen die beiden Varianten wieder zusammen.

Aber nicht hinüberfahren, sondern links ~ an der Vorfahrtsstraße links weiter auf dem Rad- und Fußweg ~ am Ende der Linkskurve die Straße überqueren und rechts abbiegen ~ gleich nach der Autobahn in die erste rechts Richtung Tennisplatz ~ der Weg ist zu Beginn asphaltiert ~ ab dem Tennisplatz gilt ein allgemeines Fahrverbot ~ in ein kleines Wäldchen hinein ~ am Waldesrand endet der Asphalt und ein äußerst holpriger Grasweg beginnt ~ dieser ist zirka 200 Meter lang und der direkte Weg zum Radweg neben der Ruhr ~ direkt am Fluss links weiter auf dem noch schmalen, geschotterten Pfad ~ nun geht es recht flott dahin auf dem ebenen Weg neben der Ruhr ~ dieser endet an einer Schranke ~ hier befindet sich zur Linken ein Haus und davor

Ehemaliges Kurhotel in Arnsberg

ein größerer Parkplatz ~ geradeaus weiter, bergauf und mittlerweile wieder auf Asphalt ~ Sie erreichen schon die ersten Häuser von Arnsberg auf der Straße **Ruhrblick** ~ weiter in der Straße **Zur Wolfsschlucht** und dann rechts in die **Ernst-Schlensker-Straße** ~ geradeaus bis der Asphalt endet ~ es geht dann links hoch auf einem Kieselweg ~ dieser verläuft links oberhalb der Ruhr und dann um den Lüsenberg herum ~ er mündet beim Sägewerk in den **Wintroper Weg** ~ auf diesem bis zum Bahnhof ~ dort links in die **Clemens-August-Straße** ~ deren Verlauf bis zum **Brückenplatz** folgen ~ hier rechts und dann kommen Sie an die große Ampelkreuzung.

Arnsberg

PLZ: 59821; Vorwahl: 02931

Verkehrsverein Arnsberg, Neumarkt 6, ✆ 4055

Sauerland Museum, Alter Markt, ✆ 02931/4098, ÖZ: Di-Fr 9-17 Uhr, Sa 14-17 Uhr und So 10-18 Uhr.

Kunstverein Arnsberg, Königstr. 24, ✆ 21122, ÖZ: Mi-Fr 12-18 Uhr, So 12-16 Uhr.

Klassizismus-Viertel mit Neumarkt. Dieses Viertel wird unter König Friedrich Wilhelm III. ab 1817 unter der Aufsicht von Karl Friedrich von Schinkel für die Regierungsbeamten aus Berlin erbaut, um ihnen angemessene Unterkünfte zu bieten.

Propsteikirche St. Laurentius. Ehemalige Klosterkirche aus dem 13. Jh. Heute sind noch die Prälatur (1666), die Bibliothek (1694) und das Gymnasialgebäude (1717) erhalten. Die Reliquien der Hl. Drei Könige waren hier während des „Arnsberger Exils" des Kölner Domschatzes (1794-1803) untergebracht.

Ehmsen-Denkmal. Dem Forstrat Ernst Ehmsen gewidmet. Von hier bietet sich ein herrlicher Blick über die Alt- und Neustadt.

Alter Markt. Er bildet mit dem Alten Rathaus mit Glockenspiel (1710), dem Glockenturm (Wahrzeichen der Stadt, um 1238 als Kunststück mittelalterlicher Wehranlagen entstanden) und dem Maximilianbrunnen (1779) Alt-Arnsbergs „Gute Stube".

Der Grüne Turm. Liegt in der Nähe zum Oberfreistuhl – einer alten Femegerichtsstätte. Er ist ein Teil einer der erhaltenen Wehrtürme von Alt-Arnsberg.

Schlossruine. Sie erinnern an das umgestaltete Renaissance Schloss, das im Jahre 1762, während des Siebenjährigen Krieges, zerstört wurde.

Herdringer Schloss. Im 17. Jh. von der Familie von Fürstenberg erworben, wird der Gutskomplex zum Schloss ausgebaut. Der im englischen Stil angelegte Schlosspark und das Gemäuer selbst dienten als Kulisse für einige Edgar Wallace Filme.

Naturpark Arnsberger Wald. Mit ca. 448 km² ist er das größte geschlossene Waldgebiet des Sauerlandes.

Freizeitbad Nass, Vogelbruch 30, ✆ 475730, Öz: tägl. 10-23 Uhr. Neben dem Erlebnisbad mit Riesenrutsche bietet die Saunalandschaft ein Hamam, Dampfbäder sowie eine Finnische Sauna.

Arnsberg wird 793 erstmals urkundlich erwähnt. 1077 baut Graf Konrad von Werl die Höhenburg „Arnesberga" auf dem von drei Seiten durch die Ruhr geschützten, steil abfallenden Felsen. Im 11. Jahrhundert errichten die Grafen von Arnsberg auf dem Römerberg

Ländliche Idylle in Bruchhausen

die Alte Burg. Aber bereits 1100 beziehen sie eine neue Festung auf dem gegenüberliegenden Schlossberg. 1238 wird Arnsberg Stadt. Das Arnsberger Schloss erlebt in den folgenden Jahrhunderten eine wechselvolle Geschichte, erst unter den Grafen, später unter den Kurfürsten von Köln. Arnsberg war Sitz der höchsten Berufungsstelle der Feme, des westfälischen Gerichts. Seit 1437 der Hauptfreistuhl, das „Oberfeymgericht". Und ebenso war die Stadt Mitglied des Hansebundes, aus dem sie 1608 ausschied. Die Zunft der Kaufleute führte den Namen „Seewicker" (Schleswiger), dieser zeigte die Richtung des

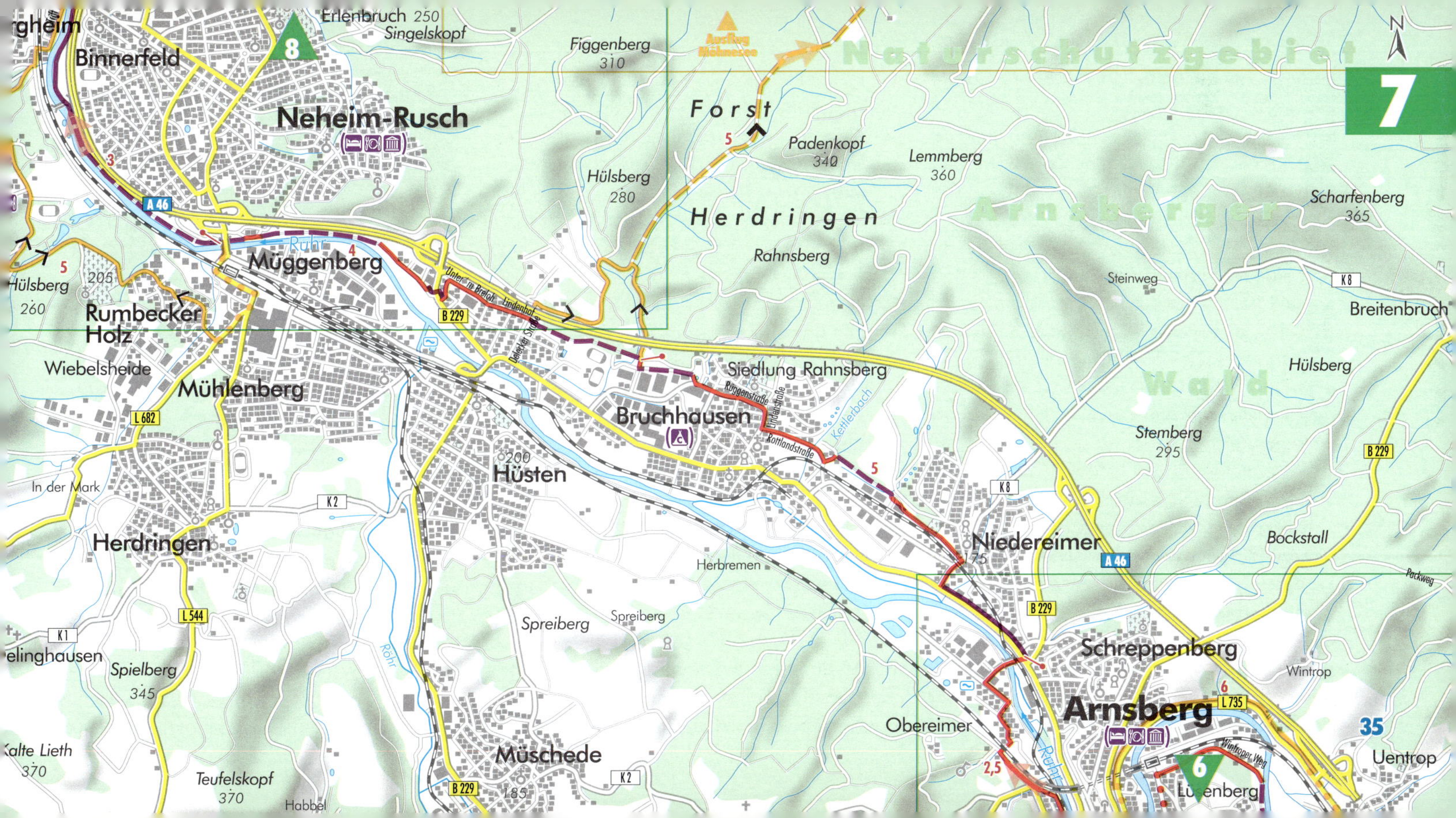

7
8
6
Binnerfeld
Erlenbruch 250
Singelskopf
Figgenberg 310
Naturschutzgebiet
Neheim-Rusch
Forst
Padenkopf 340
Lemmberg 360
Hülsberg 280
Herdringen
Scharfenberg 365
Arnsberger Wald
Rahnsberg
Steinweg
K8
Breitenbruch
A 46
Ruhr
Müggenberg
Hülsberg 260
Rumbecker Holz
Wiebelsheide
Mühlenberg
L 682
B 229
Siedlung Rahnsberg
Bruchhausen
Kettlerbach
Hülsberg
Stemberg 295
200
Hüsten
In der Mark
K 2
Herdringen
Niedereimer
175
Bockstall
Packweg
Herbremen
Spreiberg
Spreiberg
L 544
K1
elinghausen
Spielberg 345
Röhr
Schreppenberg
Wintrop
Arnsberg
L 735
35
Uentrop
Obereimer
Wintroper Weg
Lüsenberg
Müschede
185
Kalte Lieth 370
Teufelskopf 370
Habbel

Handels nach Norden an. 1600 brannte der größte Teil der Stadt ab.

Die grimmige Feste wandelt sich zum „zivilen" Jagd- und Residenzschloss, wird aber während des Siebenjährigen Krieges wieder Kriegsschauplatz. 1762 wird das Schloss schwer beschädigt. Geldmangel verhindert den Wiederaufbau und der Palast wird zur Ruine.

Heute ranken sich Sagen und Legenden um Grafen, Kurfürsten, Ritter und Burgfrauen und erzählen aus dem alten Arnsberg. Im Rahmen der „sagenhaften Stadtführungen" gruseln sich nicht nur Kinder.

Von Arnsberg nach Neheim 15 km

Wenn Sie in Arnsberg die Ruhrbrücke überquert haben, fahren Sie links hinein in die Promenade links neben der Pizzeria ~ rechts hinauf geht's zum **Neumarkt**, dabei handelt es sich um den Hauptplatz ~ zur Rechten liegt auch die mittelalterliche Altstadt ~ auf der Promenade an den Sportanlagen vorbeifahren ~ danach ist der Weg für Kraftfahrzeuge gesperrt ~ er ist jetzt nur noch Rad- und Fußweg, der neben der Ruhr verläuft ~ nach zirka 2 Kilometern mündet er in die **Eichholzstraße** ~ auf dieser geradeaus bis zum **Neumarkt.**

Tipp: Am einfachsten ist es, noch zirka 25 Meter geradeaus zu fahren, und dann links in die Gasse Twiete – das ist jedoch nicht ganz legal.

Ganz korrekt biegen Sie rechts ab und fahren die ganze Runde um den Platz, um dann geradeaus in der Gasse **Twiete** weiterzufahren ~ es geht bergab und dann das Rad auch noch über Stufen hinuntertragen ~ über den **Mühlengraben**, das Fahrrad wird geschoben ~ an dem Querweg ein paar Meter nach rechts und gleich wieder links in den Rad- und Fußweg ~ es gibt auch Radschilder - rechteckig und weiß mit grüner Schrift ~ auf dem R 12 also nun weiter Richtung Obereimer ~ durch die Schrebergartenanlage ~ auf einer Brücke die Ruhr überqueren ~ der Weg ist nun asphaltiert und führt geradeaus vor bis zur **Wennigloherstraße.**

Hier rechts weiter auf dem Rad- und Fuß-

Möhnesee in Delecke

weg neben der Straße bis zur **Jägerbrücke** ~ einfach geradeaus die Straße überqueren und dann rechts hinein in die **Tiergartenstraße** ~ weiterhin dem Radschild des R 12 folgen ~ in der **Tiergartenstraße** dem Radschild nach rechts Richtung Oeventrop auf dem **Arnsberger Burgweg** folgen ~ kurz vor der Straßenbrücke links Richtung Müschede ~ an der Kreuzung mit der Straße **Unterm Römberge** rechts hinauf ~ zuerst geradeaus, dann der Vorfahrtsstraße im Rechtsbogen unter der Bahn hindurch folgen und dann weiter in der Linkskurve auf der **Obereimer Straße** ~ es folgt eine Rechts-Linkskombination ~ auf der

Ausflug
Möhnesee
Möhnesee
Niederense
Himmelpforten
Schulte
Günne
Weltenberg
Westrich
Delecke
Körbecke
Brüningsen
Möhne
Seehof
Haus Delecke
Linkturm
Drüggelter Höfe
Schnapshof
Möhne-
tal-
sperre
Steetsberg
Schreppenberg
250
Südrandweg
215
Hoher Stoss
295
Rennweg
Heversberg
260
Außenberg
Kellerberg
290
Naturschutzgebiet
Fellberg
Hevesee
Sankt Meinolf
Heve
Große Aupke
Arnsberger Wald
Kleine Schmalenau
Wilhelmsruh
Leimenberg
Mittelberg
305
Günner Steinbrink
Schlibbecke
Kleine Aupke
Grüne Hoffnung
Neuhaus
Figgenberg
310
Forst Herdringen
Borberg
285
B 516
L 745
K 20
B 229
K 32
K 8
L 857
240
265
6,5
5
2,5
8
7
N

Vorfahrtsstraße **Hammerweide** bleiben und rechts in die Straße **Zur Schefferrei** biegen ~ die Ruhr überqueren ~ auf der linken Seite beginnt ein Rad- und Fußweg ~ auf diesem über die Bahngleise ~ danach links weiter auf dem Radweg rechts neben der Straße ~ dem Straßenschild Richtung Soest/Möhnesee/Niedereimer und dem Radschild des R 12 folgen ~ der Radweg führt neben der B 7 weiter ~ Sie kommen nach Niedereimer.

Niedereimer

An der Kreuzung rechts ~ Sie befinden sich nun auf der **Wannestraße** ~ geradeaus weiter über die Bahngleise ~ dann gleich nach der Bushaltestelle links hinein in den **Arnsberger Ruhrweg** ~ der führt neben der Bahn weiter ~ der Radweg endet mal kurz und auf der Straße weiter ~ dann nach rechts vor bis zu dem gekiesten Weg und weiter links ~ es gibt auch wieder ein R 12 Radschild ~ auf diesem Weg an eine Querstraße und rechts weiter auf dem gekiesten Rad- und Fußweg ~ links weiter auf Asphalt ~ wiederum dem R 12 Radschild auf der **Rottlandstraße** folgen und an der nächsten Querstraße Richtung Neheim nach rechts in die **Lindenstraße** ~ weiter links in die **Rüggenstraße** und dann vis à vis der Firma Selecta rechts hinauf dem R 12 Schild folgend ~ dann gleich wieder links in den Radweg ~ Sie kommen dann beim Betriebsgelände der Firma Meta heraus und fahren über den Parkplatz.

Tipp: An dieser Stelle können Sie den Ausflug zum Möhnesee dazwischenschieben. Zuerst fahren Sie durch den beschaulichen Forst Herdringen und dann können Sie eine Runde um den westlichen Teil des Sees drehen.

Ausflug zum Möhnesee 14 km

Auf dem Parkplatz der Firma Meta rechts hinauf ~ dann geradeaus bis zur Kreuzung ~ dort dem Radschild des R 41 nach rechts folgen ~ auf dem unbefestigten Waldweg durch den Arnsberger Wald ~ zu Beginn neben dem Bach Kuhpfadsiepen radeln ~ nach zirka 1,5 Kilometern in einer Linkskurve vom Bach entfernen ~ an der Weggabelung beim Schwarzenbruch

Weiden entlang des Radweges bei Neheim

rechts ~ es zweigen immer wieder links und rechts Wege ab, immer geradeaus fahren, beim Günner Steinbrink wiederum rechts an der Weggabelung ~ ein kleines Bächlein überqueren, an der Kreuzung geradeaus und danach den Bach Schlibbecke überqueren ~ am **Espadweg** links und weiter geradeaus vor bis zum See.

Hier können Sie nun links oder rechts fahren, um nach Delecke zu gelangen. Links fahren Sie etwa 6,5 Kilometer auf dem Waldweg entlang des Sees. Rechts radeln Sie zuerst mal 2,5 Kilometer am Ufer entlang, dann ein kurzes Stück auf der Straße, kurz nach der Brücke können Sie dann links einbiegen um auf dem Waldweg weitere 4 Kilometer am Seeufer entlangzufahren und zirka einen Kilometer vor Delecke müssen Sie dann auf dem Radstreifen die Brücke vor Delecke überqueren.

Delecke

Auf der Hauptroute fahren Sie auf dem Parkplatz der Firma Meta über die Holzbrücke dem Radschild Richtung Neheim folgend ~ der Radweg führt nun links unterhalb der Autobahn weiter ~ die Straße **Vogelbruch** queren ~ der Weg führt gekiest weiter ~ die nächste Querstraße ist die **Delecker Straße** und danach auf einem schmalen Kiesweg geradeaus in den Lindenhof ~ weiter über die Querstraße **Hockenbergstraße** und geradeaus in den Weg **Unterm Breloh** ~ dem Weg in der Linkskurve folgen und schließlich an die **Wagenbergstraße** ~ rechts fahren und somit den Radschildern folgen ~ zur Rechten beginnt ein Rad- und Fußweg, dieser wechselt schon bald auf die andere Straßenseite ~ an der Gabelung links weiter auf der **Wagenbergstraße** ~ der Radweg endet und somit auf der Straße radeln ~ nach einigen

Aussicht bei Neheim

Metern beginnt neben der Ruhr ein Rad- und Fußweg ~ dieser ist gekennzeichnet mit einem Radschild des R 12 und führt unbefestigt unterhalb der Autobahn weiter ~ er trägt Sie bis nach Neheim und beim Rathaus kommen Sie wieder heraus ~ kurz auf Asphalt und wieder links hinunter zur Ruhr.

Neheim

PLZ: 59759; Vorwahl: 02932

- **Verkehrsverein Neheim-Hüsten**, Bahnhofstr. 132, ✆ 34860
- **Neheimer Dom und Marktplatz.** Auf der Vorgängerkirche aus dem Jahre 1822 steht die Pfarrkirche St. Johannes Baptist (1894/1914). Wegen ihrer Größe und Wuchtigkeit wird sie auch der „Sauerland Dom" genannt.
- **Synagoge** (1875), Mendener Straße. Sie wurde in der Progromnacht am 10.11.1938 stark beschädigt. Heute werden hier nach sorgfältiger Restaurierung des Gebetsraumes, Wohntextilien und Antiquitäten verkauft.
- **„Strohdorf" mit Burgmannshöfen.** Das mittelalterliche Herzstück mit einer ganzen Reihe von Burgmannssitzen bildete die gräflich-arnsbergische Burg Neheim.
- **Fresekenhof** (heutiges Gebäude von 1680). Der Hof ist unmittelbar auf der Neheimer Stadtmauer erbaut und sicherte das Stadttor zur Ruhrbrücke.
- **Burghaus Gransau**, Burgstraße. Es befand sich im 15. und 16. Jh. im Besitz der Erbdrosten von Fürstenberg-Neheim und ist seit 1763 im Besitz der Familie Cosack. Das Haus ist mit der Rückseite direkt an der Stadtmauer erbaut worden. Von der Westseite her ist sein wehrhafter Charakter noch heute gut erkennbar.
- **Drostenhof**, Burgstraße. Eines der ältesten noch erhaltenen Gebäude in Neheim. Es war das Geburtshaus von Wilhelm von Fürstenberg, der im 16. Jh. Deutscher Ordensmeister in Livland war. Der heutige Fachwerkbau, Sitz des Neheimer Amtsdrosten, wird in das 17. Jh. datiert.

Ruhrufer

Von Neheim nach Fröndenberg 19,5 km

Tipp: Ab hier gibt es wieder zwei Möglichkeiten, entweder den regulären Ruhr-Radweg entlang des Flusses, oder eine Variante durch das Rumbecker Holz, welche mit einigen Anstrengungen verbunden ist, da es relativ viele Steigungen zu bewältigen gibt. Diese Variante ist landschaftlich sehr ansprechend und deshalb empfehlenswert.

Variante über das Rumbecker Holz

Beim Rathaus in Neheim im Park weiter und nicht hinunter zur Ruhr ~ an die Vorfahrtsstraße und hier links über die Brücke fahren ~ rechts die Bahn und in Folge die **Kleinbahnstraße** beim Bahnhof Berliner Platz überqueren ~ danach rechts in den **Herdringer Weg** und wieder rechts in den **Holzener Weg** ~ rechts hinauf Richtung Friedhof ~ es geht die ganze Zeit kurvenreich bergauf und der Weg Rumbecker Holz ist ziemlich schmal ~ am Friedhof vorbei und danach rechts ~ in weiterer Folge am Minigolf vorbei ~ an der Kreuzung mit der **Jahnallee** links ~ an der T-Kreuzung rechts über den Bahnübergang und weiter auf dem **Trift** ~ Sie gelangen an eine Rad- und Fußwegbrücke, um auf die andere Seite zu gelangen und dort können Sie wieder in den Ruhr-Radweg einsteigen.

Die Hauptroute führt unter der Brücke der Bahnhofsstraße hindurch und Sie folgen nun dem Verlauf des Radweges Richtung Wickede

Wickede

direkt neben der Ruhr auf dem **Arnsberger Ruhrweg** ~ der Weg ist gekiest und verläuft direkt rechts neben dem Fluss ~ ⚠ Sie fahren nun unter der Brücke in Richtung Bergheim weiter ~ der Weg entfernt sich dann nach rechts vom Fluss und nun dem Radschild nach links über die Brücke folgen ~ nach der Brücke links weiter auf dem Erdweg Richtung Haus Füchten ~ so wieder direkt an die Ruhr ~ der Weg ist asphaltiert und führt immer rechts neben der Ruhr entlang ~ er verläuft auch gleichzeitig links unterhalb der Autobahn ~ sehr eben und gut zu befahren ~ nach zirka

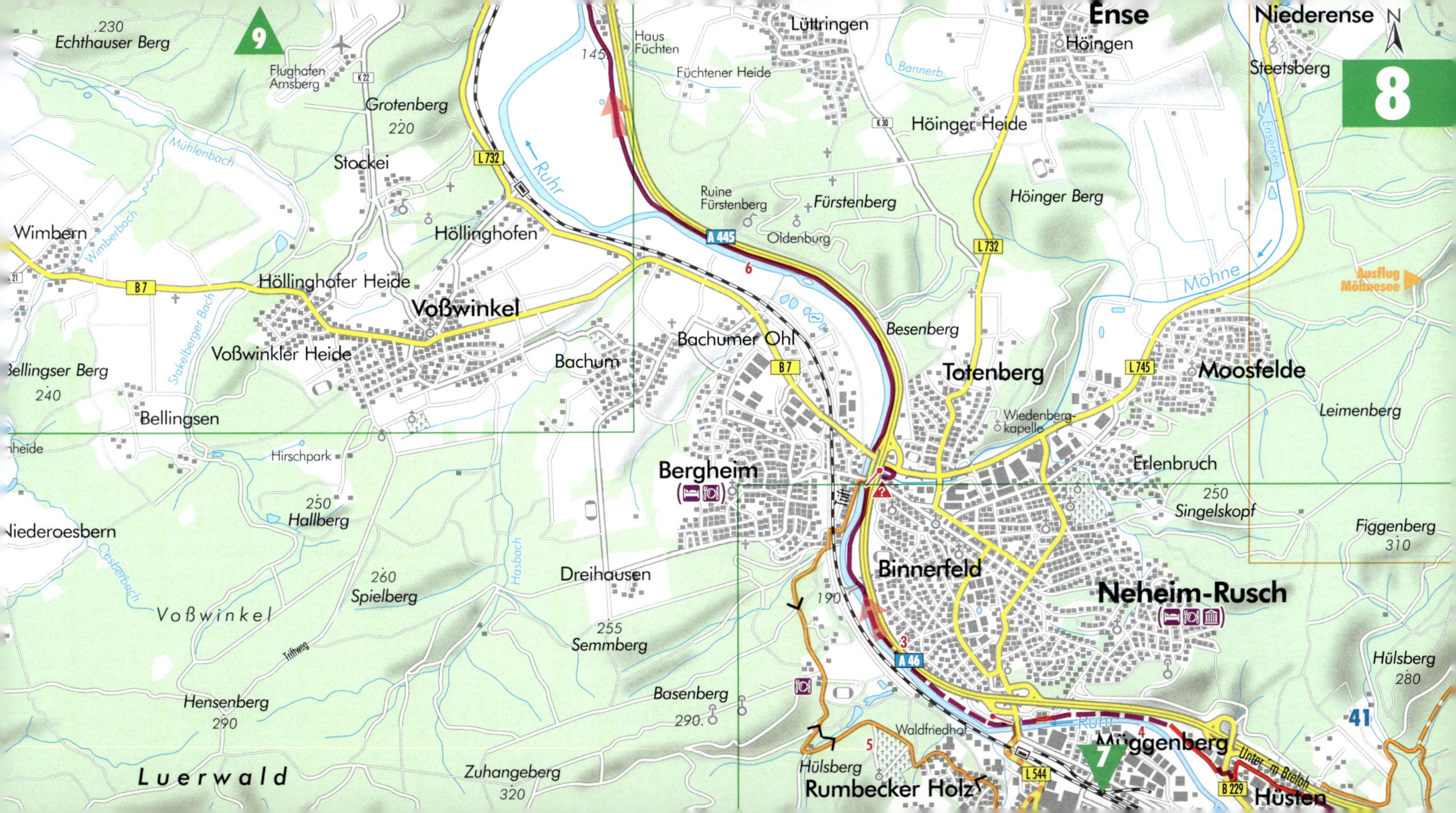

230
Echthauser Berg
9
Flughafen Arnsberg
K 22
Grotenberg
220
Stockei
Mühlenbach
L 732
Ruhr
145
Haus Füchten
Lüttringen
Füchtener Heide
Ense
Höingen
Niederense
Steetsberg
8
Bannerb.
K 30
Höinger Heide
Ensersee
Ruine Fürstenberg
Fürstenberg
Oldenburg
Höinger Berg
A 445
6
L 732
Möhne
Ausflug Möhnesee
Wimbern
Wimberbach
Höllinghofen
Höllinghofer Heide
B 7
Voßwinkel
Stakelberger Bach
Voßwinkler Heide
Bachum
Bachumer Ohl
B 7
Besenberg
Totenberg
L 745
Moosfelde
Bellingser Berg
240
Bellingsen
Leimenberg
Wiedenberg-kapelle
Erlenbruch
heide
Hirschpark
Bergheim
250
Singelskopf
250
Hallberg
Niederoesbern
Figgenberg
310
Cesberbach
Binnerfeld
Hasbach
260
Spielberg
Dreihausen
190
Neheim-Rusch
Voßwinkel
3
255
Semmberg
A 46
Hülsberg
280
Triftweg
Hensenberg
290
Basenberg
290.
Ruhr
41
4
Waldfriedhof
Müggenberg
5
Unter'm Breloh
Hülsberg
7
L 544
Luerwald
Zuhangeberg
320
Rumbecker Holz
B 229
Hüsten

zwei Kilometern entfernt sich der Weg von der Ruhr ~ zur Linken befinden sich nun Kuhweiden und Buschreihen ~ nach weiteren 1000 Metern finden Weg und Fluss wieder zusammen beim Haus Füchten ~ hier endet der Radweg ~ den Berg hinunterfahren ~ dann links über die Ruhrbrücke ~ durch die Allee und danach über die Bahngleise ~ an der Vorfahrtsstraße rechts Richtung Echthausen zwei Kilometer ~ es gibt hier ein Radschild der Kaiserroute ~ auf der L 732 erreichen Sie im Verkehr Echthausen.

Echthausen

Im Ort rechts in die **Von-Lilien-Straße** ~ über die Gleise und links weiter in der **Von-Lilien-Straße** ~ diese führt direkt neben der Bahn entlang ~ kurz vor Wickede wird der Weg zum Rad- und Fußweg und führt oben neben der Bahn weiter ~ es geht rechts weg von der Bahn über eine Brücke und geradeaus weiter in die Stadt hinein.

Wickede

PLZ: 58739; Vorwahl: 02377

Gemeindeverwaltung Wickede, Hauptstr. 81, ✆ 9150.

Auf dem Radweg bei Wickede

Glasbläser, Marktplatz. Diese Bronzeskulptur ist ein Zeichen für die geschichtliche Entwicklung der Gemeinde. 1889 wurde hier eine Glashütte errichtet, die bis 1915 produzierte. Diese Glashütte sorgte für einen Bevölkerungsanstieg und weitere wirtschaftliche Entwicklungen, insbesondere der weiterverarbeitenden Industrie.

Freibad, ÖZ: Mai-Aug., Mo 9-20 Uhr, Di-Fr 6-20 Uhr, Sa, So, Fei 7-19 Uhr.

Im Heberegister der Abtei Werden taucht zum ersten Mal nach 800 der Name „Wikki" auf. Um das Jahr 1100 besteht die Ansiedlung aus 5 Höfen. 1368 fällt Wickede mit der Grafschaft Arnsberg an Kurköln. Zu Beginn des 19. Jahrhunderts kommt das Gebiet von Wickede zu Hessen und später zu Preußen.

Mit der beginnenden Industrialisierung nutzt man auch hier die Wasserkraft der Ruhr und es entstehen ein Puddel- und ein Walzwerk, wo das Eisen mit Wasser gefrischt und gewalzt wird.

1870 wird die Gemeinde mit einem eigenen Bahnhof an die Ruhrtalstrecke der Bergisch-Märkischen Eisenbahn in das Schienennetz eingebunden.

Hier durch ein neues Siedlungsgebiet ~ der Weg verläuft neben der Bahn weiter ~ zur Rechten liegt das Zentrum der Gemeinde ~ hinter dem Bahnhofsgebäude auf einer Fußgänger- und Radfahrerbrücke die Bahnlinie überqueren und dem ausgeschilderten Geh- und Radweg entlang der B 63 folgen ~ nach dem Queren der einmündenden **Ringstraße** auf die Südseite der B 63 wechseln und dem ausgeschilderten Geh- und Radweg bis zum Ruhrufer am „Ehrenmal für die Wassertoten der Möhnekatastrophe" folgen ~ nach links auf den unbe-

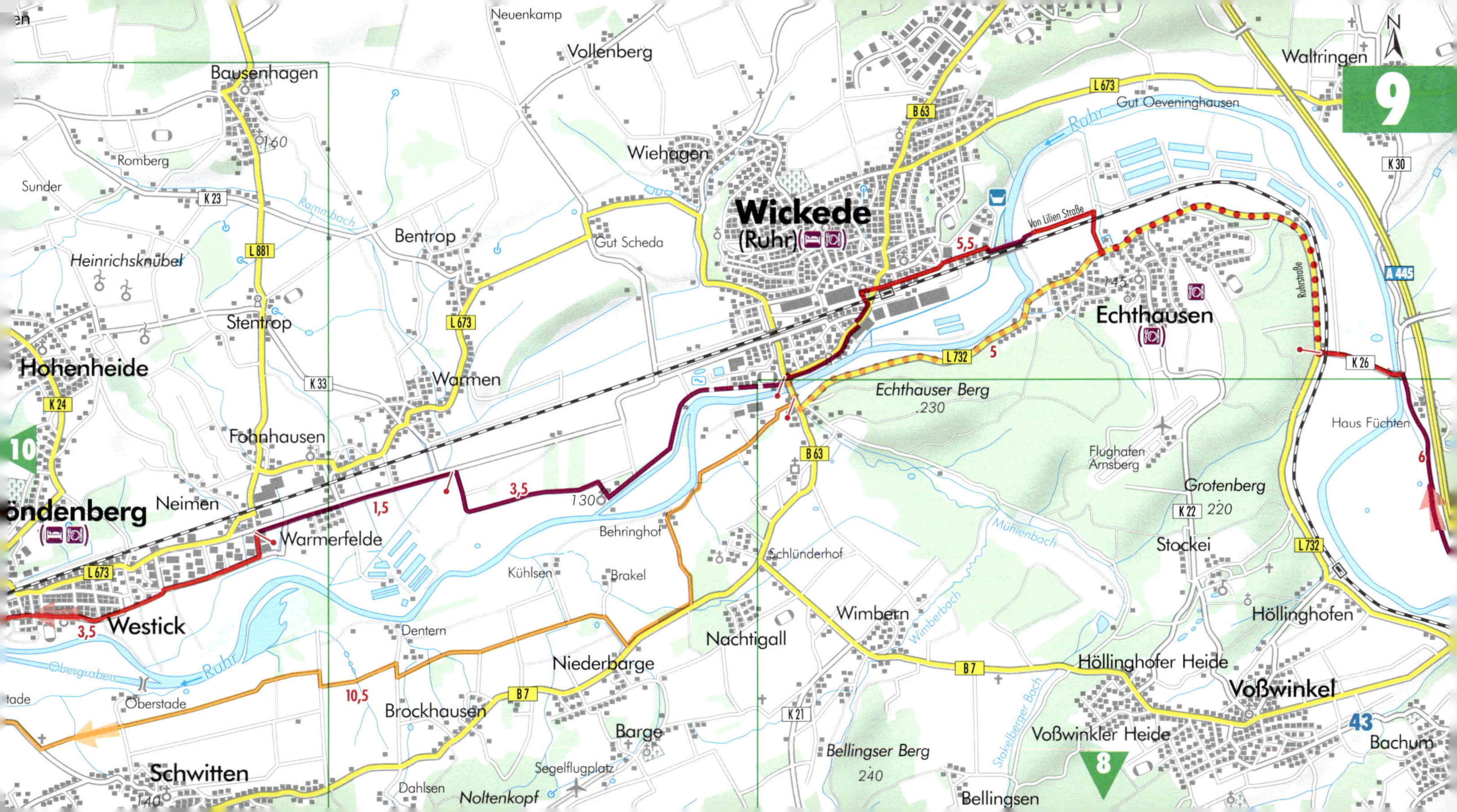

9
10
8
43
Neuenkamp
Vollenberg
Bausenhagen
Romberg
Sunder
Heinrichsknübel
Stentrop
Hohenheide
Fohnhausen
Neimen
öndenberg
Warmerfelde
Westick
Oberstade
Schwitten
Bentrop
Gut Scheda
Warmen
Wiehagen
Wickede
(Ruhr)
Waltringen
Gut Oeveninghausen
Von Lilien Straße
Echthausen
Ruhrstraße
Echthauser Berg
.230
Haus Füchten
Flughafen
Arnsberg
Grotenberg
220
Stockei
Behringhof
Kühlsen
Brakel
Schlünderhof
Wimbern
Nachtigall
Dentern
Niederbarge
Brockhausen
Barge
Segelflugplatz
Dahlsen
Noltenkopf
Bellingser Berg
240
Bellingsen
Höllinghofen
Höllinghofer Heide
Voßwinkel
Voßwinkler Heide
Bachum
Mühlenbach
Wimberbach
Stakelberger Bach
Rammbach
Ruhr
Obergraben
L 673
L 881
K 23
K 24
K 33
B 63
L 732
K 26
K 30
A 445
K 22
K 21
B 7
160
130
145
140
5,5
5
6
3,5
1,5
10,5

Ruhr bei Echthausen

festigten Weg neben der Ruhr ~ weiter unter der Straßenbrücke der B 63 hindurch ~ weiter auf dem unbefestigten Weg neben der Ruhr ~ nach zirka einem Kilometer bei der Kläranlage beginnt Asphalt ~ Sie gelangen an eine Kreuzung ~ geradeaus dürfen Sie nicht fahren, Sie müssen also rechts auf den schmalen Kiespfad ~ dieser ist mit einem braun-weißen Schild mit der Aufschrift Radweg gekennzeichnet ~ schließlich an einem asphaltierten Querweg links ~ am Wassergewinnungsgelände vorbei und dann in der Rechtskurve weiter ~ an der Vorfahrtsstraße links auf dem Rad- und Fußweg ~ dieser führt nach Fröndenberg und ist beschildert mit R 12 Schildern ~ Sie befinden sich nun in Warmen.

Warmen

Danach kommen Sie nach Frohnhausen.

Frohnhausen

Anschließend durch Nelmen fahren.

Nelmen

Im Ort biegt die Route nach links ab Richtung Gartencenter Harnischmacher ~ den Schildern des R 12 folgen und der Kaiserroute in die **Hans-Böckler-Straße** ~ an der Kreuzung rechts weiter ~ durch Westick hindurch und einfach immer nur dem Verlauf des Weges folgen ~ an der T-Kreuzung links dem Radschild folgend ~ es folgt eine Rechtskurve und dann in die nächste links, die **Graf-Adolf-Straße** ~ wieder eine Rechtskurve und geradeaus weiter ~ an der evangelischen Kirche vorbei und an den Tennisplätzen ~ Sie gelangen an die Kreuzung mit der **Bismarckstraße** und fahren hier links ~ an der nächsten Kreuzung wieder links in die **Bahnhofsstraße** ~ rechts geht's zum Bahnhof und ganz rechts ins Zentrum Fröndenbergs.

Fröndenberg

PLZ: 58730; Vorwahl: 02373

- **Stadt Fröndenberg-Stadtmarketing,** Bahnhofstr. 2, ✆ 976238.
- **Kettenschmiedemuseum,** Graf-Adolf-Str. 6, ÖZ: April-Okt., So 11-13 Uhr. Jeden 1. Sonntag im Monat gibt es auch Vorführungen am Schmiedefeuer.
- **Evangelische Kirche Bausenhagen** (12. Jh.). Eine ehemalige Wehrkirche. Sie wurde aus Grünsandstein erbaut. An der Nordseite befindet sich eine gotische Sakristei. Der romanische Westturm wurde nach einem Blitzschlag 1866 im Jahre 1884 erneuert. Im Chorgewölbe wurde eine romanische Christusdarstellung aus der Zeit um 1200 freigelegt.
- **Stiftskirche** (um 1230). Graf Otto von der Mark ließ diese Klosterkirche erbauen. Um 1500 wurde die Sakristei, um 1900 der Westturm errichtet. Sehenswert sind der gotische Flügelaltar, die Barockorgel und das Hochgrab des Grafen von der Mark und seiner Gemahlin.

Die älteste bekannte Form des Ortsnamens Fröndenberg, „Frundeberg" findet sich in einer Urkunde des Papstes Coelestin III. aus dem Jahre 1197. Nahe dem Dorf Fröndenberg gründete der Kölner Erzbischof Heinrich von Molenark ein Kloster für Zisterzienserinnen (1225-1230).

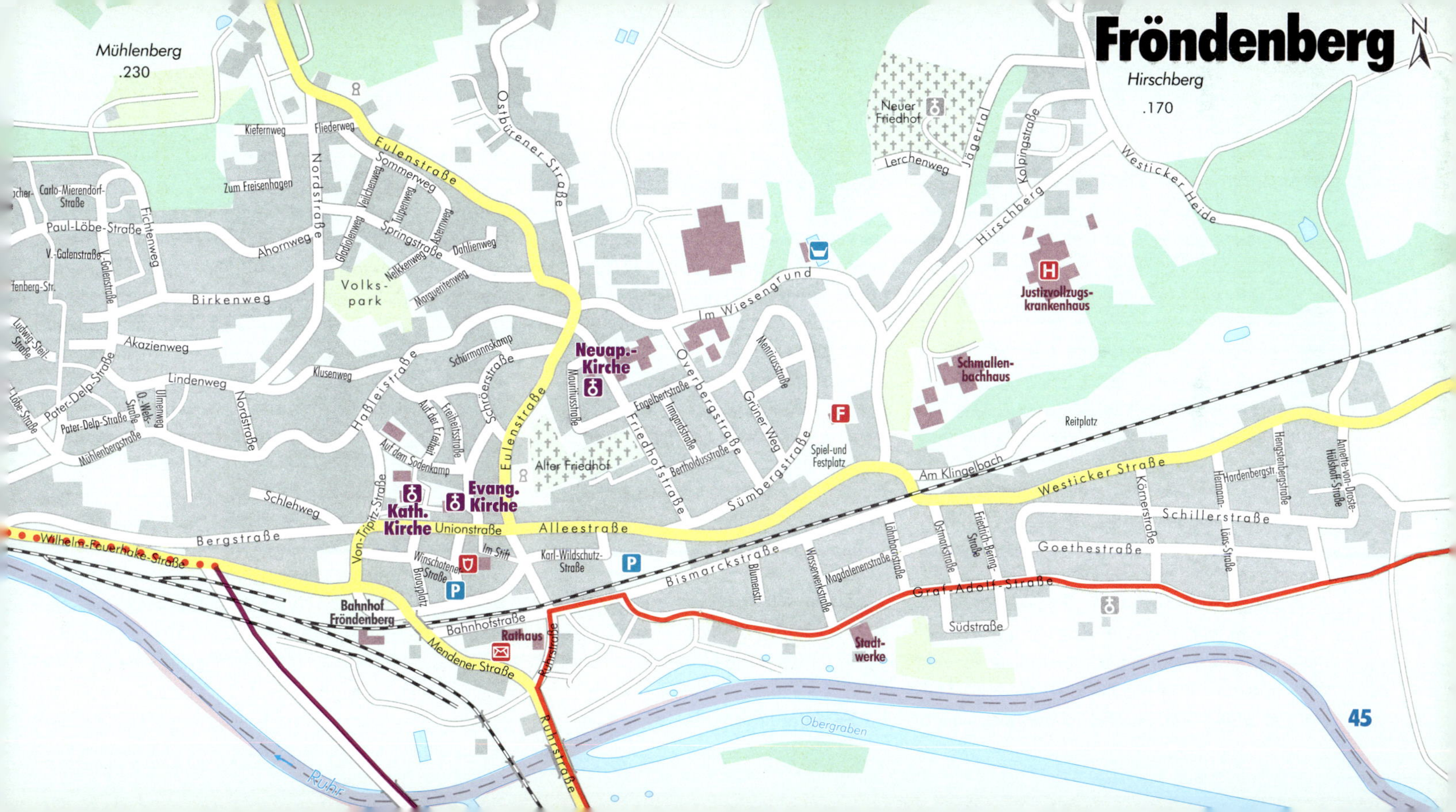
Fröndenberg
N
Mühlenberg
.230
Hirschberg
.170
Neuer Friedhof
Lerchenweg
Jägertal
Kolpingstraße
Westicker Heide
Hirschberg
Justizvollzugs-krankenhaus
Schmallen-bachhaus
Reitplatz
Am Klingelbach
Westicker Straße
Hengstenbergstraße
Annette-von-Droste-Hülshoff-Straße
Hardenbergstr.
Hermann-Löns-Straße
Körnerstraße
Schillerstraße
Goethestraße
Graf-Adolf-Straße
Südstraße
Stadt-werke
Obergraben
Ruhr
Ruhrstraße
Friedrich-Bering-Straße
Ostmarkstraße
Löhnbachstraße
Magdalenenstraße
Wasserwerkstraße
Blumenstr.
Bismarckstraße
Karl-Wildschutz-Straße
Alleestraße
Unionstraße
Im Stift
Winschotener Straße
Bruayplatz
Bahnhof Fröndenberg
Bahnhofstraße
Rathaus
Mendener Straße
Wilhelm-Feuerhake-Straße
Bergstraße
Schlehweg
Von-Tirpitz-Straße
Kath. Kirche
Evang. Kirche
Neuap.-Kirche
Alter Friedhof
Eulenstraße
Auf dem Sodenkamp
Auf der Freiheit
Freiheitsstraße
Schröerstraße
Haßleistraße
Schürmannskamp
Klusenweg
Mauritiusstraße
Friedhofstraße
Engelbertstraße
Irmgardstraße
Bertholdusstraße
Overbergstraße
Grüner Weg
Menriciusstraße
Sümbergstraße
Spiel-und Festplatz
Im Wiesengrund
Ostbürener Straße
Fliederweg
Kiefernweg
Zum Freisenhagen
Nordstraße
Sommerweg
Veilchenweg
Tulpenweg
Springstraße
Asternweg
Dahlienweg
Gladiolenweg
Nelkenweg
Margueritenweg
Volks-park
Ahornweg
Birkenweg
Akazienweg
Lindenweg
Ulmenweg
O.-Weks-Straße
Mühlenbergstraße
Pater-Delp-Straße
Ludwig-Steil-Straße
Löbe-Straße
Fichtenweg
Paul-Löbe-Straße
V.-Galenstraße
Carlo-Mierendorf-Straße
fenberg-Str.

Dieses wurde allmählich in eine Versorgungsstätte für Töchter des südwestfälischen Adels umgewandelt. Äbtissin und Stiftsdamen trugen an ihrer Tracht seit dem 18. Jahrhundert das Mauritiuskreuz. Der Märtyrer Mauritius war neben der Jungfrau Maria der Patron des Klosters. Er war der Anführer der Thebaischen Legion und starb den Martertod um 300 zu St. Moritz in der Schweiz. Im 17. Jahrhundert hatten sich sowohl im Stift als auch in der Bauernschaft drei christliche Gemeinden gebildet. Diese benutzten die ehemalige Klosterkirche an Sonn- und Feiertagen abwechselnd. Das Stift Fröndenberg bestand bis 1812 und verfügte über mehr als 18 landwirtschaftliche Betriebe, die im Umkreis von 20 km an beiden Seiten der Ruhr lagen.

In der Zeit von 1780 bis 1801 fuhren Schiffe bis Langschede. In dem kleinen Hafen wurden Getreide und Königsborner Salz verladen.

Im 16. und 18. Jahrhundert wurde in Strickherdicke nach Kohle gegraben und im 19. Jahrhundert auch in Ardey. Hier wurde die Förderung mit der Zeche „Frohe Ansicht" nach 1945 eine Zeit lang wieder-aufgenommen.

In den 30er Jahren des 19. Jahrhunderts wurde in Bösperde jenseits der Ruhr mit der Kettenherstellung begonnen. In dieser Zeit beschäftigte das Werk auch viele Heimarbeiter, die im Raum Fröndenberg Ketten schmiedeten. Später, als das Neuwalzwerk die Herstellung einschränkte und schließlich ganz aufgab, entstanden im Stadtgebiet von Fröndenberg Kettenfabriken.

Die reichlichen Strohüberschüsse des Hellwegs wurden zum Anlass genommen, 1854 eine Papiermühle zu bauen. Im Laufe der Zeit wurde sie zu einer modernen Papierfabrik und produzierte bis 1982. Die Industriebrache der Fabrik wurde zum Landschaftspark Ruhrufer umgestaltet.

Schlagende Wetter

Schlagwetterexplosionen sind eine der größten Gefahren für Gesundheit und Leben bei der Arbeit unter Tage. Im 19. Jahrhundert kosten diese Schlagenden Wetter zahlreichen Bergleuten das Leben.

Wenn die Kohle beim Abbau mit Luft in Berührung kommt, entweichen die in der Kohle eingeschlossenen gasförmigen Bestandteile wie Methan und Kohlendioxid, die die Zusammensetzung der Luft verändern.

Das Ansteigen des Methangehaltes in der Luft wird als Schlagendes Wetter bezeichnet. Je nach abgebauter Kohlenart und Belüftung des Schachtes verändert sich die Intensität. Steigt der Methangehalt auf 5-15 % an, genügt schon ein Funke, um das Gemisch zur Explosion zu bringen. Leopold Barsch schildert in seinem 1898 erschienen Buch „Schlägel und Eisen" eine solche Explosion: „Die schlagenden Wetter sind der Schrecken des Bergmannes ... Er sieht sich plötzlich im unterirdischen Gange mit furchtbarer Gewalt zur Seite geworfen und von einem Feuermeer umflammt. Wenn er nicht vom Stoß oder von den auf ihn geschleuderten Fels- oder Holzstücken zermalmt oder von den Flammen verbrannt ist, erwartet ihn der Erstickungstod in den der Explosion folgenden Gasen."

Von Fröndenberg nach Duisburg 138 km

Im zweiten Abschnitt ändert sich das Landschaftsbild, an Stelle der Berge tritt Flachland und dicht besiedeltes Gebiet – das Ruhrgebiet. Die Ruhr schlängelt sich mit begleitenden Flussauen durch das städtische Gebiet. Zur Naherholung und Stromgewinnung wird sie oftmals zu den Gewässern Hengsteysee, Harkortsee, Kemnader See und Baldeneysee aufgestaut. Zu Beginn des zweiten Teiles wird der Ausflug nach Unna beschrieben, eine Stadt mit sehenswertem Zentrum.

Lassen Sie sich durch das Wort „Ruhrgebiet" nicht abschrecken. Der Radweg führt fast ausschließlich entlang der Ruhr durch Auen und Parkanlagen und hin und wieder auf Wirtschaftswegen. Vom riesigen Industriegebiet bemerken Sie bis kurz vor Duisburg fast gar nichts, eben weil die Route abseits von Verkehr und Ballungszentrum verläuft. Die Radwege sind meist asphaltiert und aufgrund der ebenen Topographie angenehm zu befahren.

Die Kohlenkrise

Über hundert Jahre lang gründete sich der größte Teil des wirtschaftlichen und sozialen Erfolges des Ruhrgebietes auf die Kohle, denn ihretwegen siedelte sich die Stahlindustrie zwischen Dortmund und Duisburg an. Die Förderanlagen bestimmten das Landschaftsbild, die Fördermengen waren Gradmesser für den Wohlstand.

Die Städte und Kreise im Ruhrgebiet waren abhängig von den Steuereinnahmen, die ihnen aus dem Bergbau zuflossen. Als die Kohlekrise am Ende der 50er Jahre das Ruhrgebiet erschütterte, erschien es als entzöge man ihm die Existenzgrundlage, wenn nicht sogar die Daseinsberechtigung.

Auf die Geschwindigkeit und Heftigkeit der Kohlenkrise war niemand vorbereitet. Die Haldenbestände an Kohle wuchsen im ersten Halbjahr 1958 um das Siebenfache. Am Ende des Jahres 1958 reichten nicht einmal mehr Feierschichten aus um die Absatzlage einigermaßen unter Kontrolle zu halten und es kam zu den ersten Entlassungen. Diese Vorgänge waren unvorstellbar und man konnte sich nicht vorstellen, dass die Blütezeit der Kohle vorbei sein sollte.

Zwischen 1950 und 1958 war die Kohleförderung um fast ein Fünftel gesteigert worden. Davon profitierte natürlich auch die Stahlindustrie. Denn Stahl wurde für den Wiederaufbau von Industrie, Verkehr und Wohnungen benötigt, aber auch der „Korea-Boom" trug zur guten Konjunktur bei. Und sogar der „Kalte Krieg" war eine entscheidende Voraussetzung für den Wiederaufstieg der westdeutschen und im besonderen der Ruhrwirtschaft. Die Stahlproduktion erhöhte sich in dieser Zeit um mehr als drei Viertel. Und wieder wanderte fast eine Million Menschen ein, denn das heimische Arbeitskräftepotential reichte nicht mehr aus. Das „Wirtschaftswunder" war im Ruhrgebiet sofort durch höhere Löhne, bessere Arbeitsbedingungen, starke Gewerkschaften und raschen Wiederaufbau der Städte spürbar.

Dazu benötigte man zwar Kohle und Stahl, die wirtschaftliche Dynamik vollzog sich jedoch andernorts. In Süddeutschland setzte man auf neue Wirtschaftszweige, wie die Automobilindustrie oder die Elektrotechnik. Die Verschiebung der Energieversorgung hin zur billigeren Importkohle und Erdöl, waren weniger Ursache als Auslöser der Kohlenkrise im Ruhrgebiet.

Zwischen 1958 und 1964 wurden 35 Zechen mit 11,6 Millionen Tonnen Jahresproduktion und 53.000 Arbeitsplätze stillgelegt. 1966 arbeiteten nur mehr halb so viele Beschäftigte im Ruhrbergbau wie 1950.

Die Reaktion von Wirtschaft und Politik auf die Kohlekrise war zunächst defensiv, man versuchte mit allen Mitteln an den alten Strukturen festzuhalten. Man wollte sich nicht den neuen Marktbedingungen anpassen. Einen Strukturwandel, eine Strukturerneuerung durch Ansiedlung und Entwicklung von neuen Produkten, Unternehmen und Branchen fand jedoch nicht statt. Ganz im Gegenteil, Gelände für Industrieansiedlungen wurde vom Bergbau nicht oder zu schlechten Bedingungen bereitgestellt, aus Angst vor Konkurrenz von

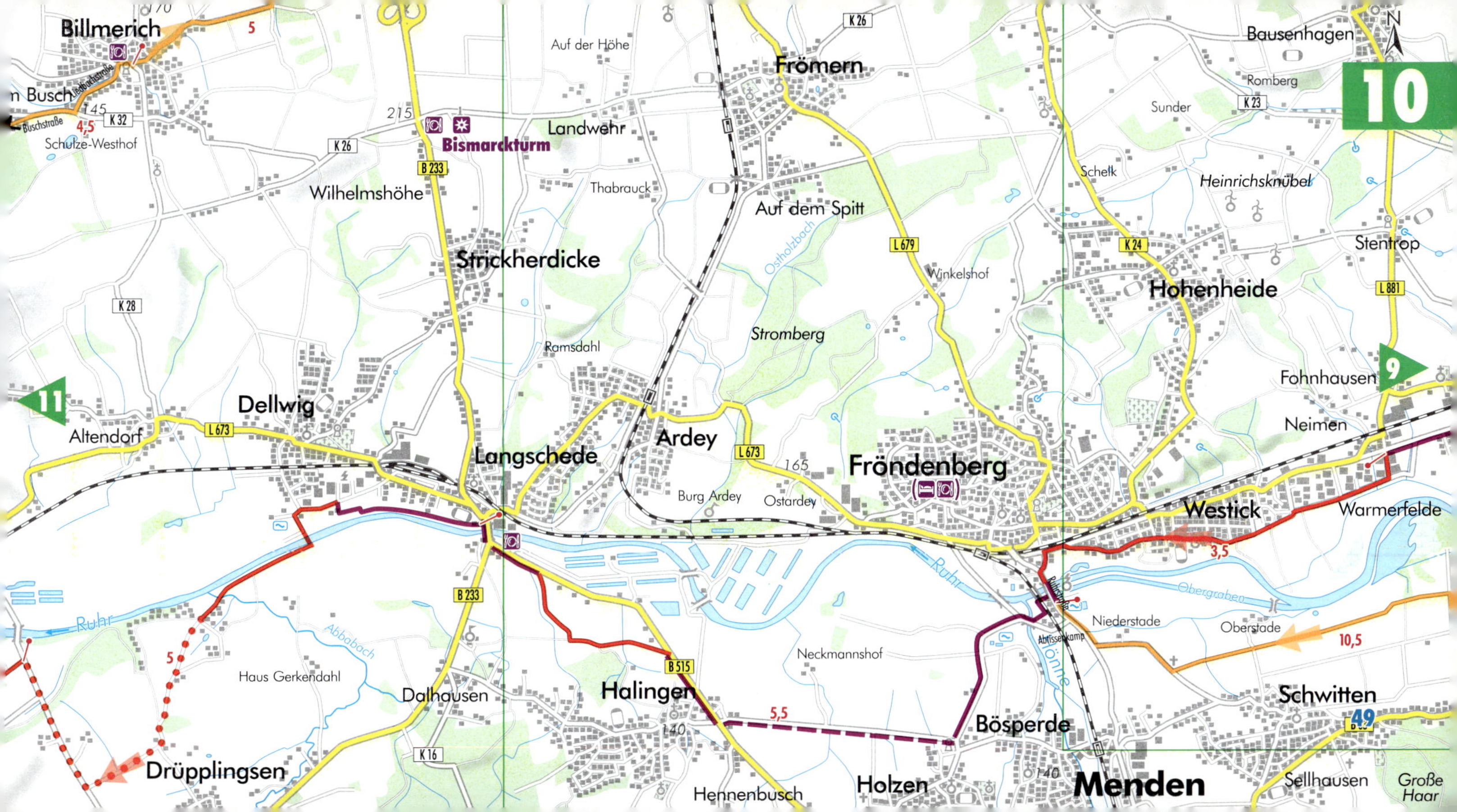

Billmerich
Busch
Buschstraße
Schulze-Westhof
K 32
K 26
215
Bismarckturm
Landwehr
Auf der Höhe
Frömern
K 26
Bausenhagen
Romberg
Sunder
K 23
10
B 233
Wilhelmshöhe
Thabrauck
Auf dem Spitt
Schelk
Heinrichsknübel
Stentrop
Strickherdicke
L 679
Winkelshof
K 24
Hohenheide
L 881
K 28
Stromberg
Ramsdahl
Ostholzbach
Fohnhausen
9
11
Dellwig
Altendorf
L 673
Ardey
L 673
Langschede
Neimen
165
Fröndenberg
Burg Ardey
Ostardey
Westick
Warmerfelde
3,5
Ruhr
Obergraben
Niederstade
Oberstade
10,5
B 233
Abbabach
B 515
Neckmannshof
Haus Gerkendahl
Dalhausen
Halingen
5,5
Schwitten
49
140
Bösperde
K 16
Drüpplingsen
Hennenbusch
Holzen
Menden
Sellhausen
Große Haar
5
4,5
145

Betrieben mit höherem Lohnniveau und dementsprechende Konsequenzen für die eigene Lohnstruktur.

So wurde der strukturelle Wandel zu einer Zeit verpasst, wo Wachstumspotential und -dynamik noch groß genug waren, um auch ins Ruhrgebiet gelenkt zu werden.

Anfang der 60er Jahre gab es im Ruhrgebiet immer noch keine Universität. Erst 1965 wurde die Universität in Bochum in Betrieb genommen. Das Qualifikationsniveau der Beschäftigten war ein Engpassfaktor für die wirtschaftliche und strukturelle Entwicklung. Ein hoher Anteil der Beschäftigten im Bergbau hatte die Volksschule nicht mit dem achten Schuljahr abgeschlossen oder verfügte über eine abgeschlossene Lehre. Zu einem Zeitpunkt also, da eine hohe Qualifikation des „Humankapitals" zu einem wichtigen Faktor für wirtschaftliches Wachstum geworden war.

Im Ruhrgebiet fehlte es an einem öffentlichen Nahverkehrssystem, Versäumnisse im Freizeitbereich, Maßnahmen zur Landschaftspflege und vor allem zum Umweltschutz mussten ergriffen werden. Und so wurde ein massives Eingreifen des Staates erforderlich. Mit dem „Entwicklungsprogramm Ruhr" 1968 und dem daraus entwickelten „Nordrhein Westfalen Programm 1975" ging man erste Schritte zu einer bewussten und gezielten Gestaltung der gesellschaftlichen und wirtschaftlichen Entwicklung.

Fachwerkhäuser am Marktplatz

Jedoch nicht nur das politische Programm, auch das Bewusstsein der Menschen im Ruhrgebiet bedurfte einer Veränderung. Man begann sich aus der Abhängigkeit von Kohle und Stahl zu lösen. Die neuen Universitäten, Kultureinrichtungen und Unternehmen trugen zu dieser Umwandlung wesentlich bei.

Von Fröndenberg nach Schwerte 21 km

An der **Ruhrstraße** rechts ~ hier gibt es einen Rad- und Fußweg auf beiden Straßenseiten ~ von der Brücke links oder rechts hinunter ~ die Bahngleise überqueren ~ danach links an den Gleisen entlang ~ nach rechts zur Vorfahrtsstraße ~ hier rechts auf den Radweg ~ diesem nun folgen Richtung Bösperde und Holzen ~ kurz vor Holzen rechts ab Richtung Halingen auf den linksseitigen Radweg ~ diesem bis zur B 515 folgen ~ an der **B 515** rechts auf den befestigten Radweg ~ die Route zweigt dann nach links ab ~ dem Verlauf dieser Straße bis zur **B 515** zurück folgen, hier wieder auf den straßenbegleitenden Radweg ~ über die Brücke.

Langschede

Nach der Brücke links auf den neu eröffenten Radweg, am Sportplatz vorbei ~ der Radweg führt zum **Ohlweg** ~ nach links und

Afferde
Königsborn
Niedermassen
Wickede
Unna
Obermassen
Natorp
Massner Heide
Ringebrauck
Köster
Jakobsquelle
Hueck
Hillering
Billmerich
Holzwickede
Liedbachstraße
Am Busch
Buschstraße
Schulze-Westhof
Kluse
Bismarck-turm
Wilhelmshöhe
Strickherdicke
Opherdicke
Ostendorf
Haus Opher-dicke
Windmühle
Dorfstraße
Kuhstraße
Hengsen
Vogelberg
Mühlenstraße
Dellwig
Altendorf
Langschede
In der Heide
Brauck
Ruhr
7 Zeichen an der Ruhr
Staubecken
Abbabach
Haus Gerkendahl
Dalhausen
Haus Lenninghausen
Ohler Mühle
Geisecke
Drüpplingsen
L 663
L 665
K 39
B 233
A 1
L 678
L 679
B 1
A 44
A 443
K 18
K 31
K 32
K 26
K 29
K 28
K 27
L 673
L 677
145
170
215
120
140
5
1,5
4,5
2
3
10
11
12
51
N

Evangelische Kirche in Opherdicke

über die Ruhr ~ nach rechts auf den **Dellwiger Weg** ~ diesem Verlauf bis knapp vor das Ortsgebiet von Drüpplingsen folgen ~ nach rechts und bei der nächsten Möglichkeit wieder rechts.

Ausflug nach Unna 11,5 km

Geradeaus über die Ruhr ~ vorbei an den 7 Zeichen an der Ruhr.

Die sieben Zeichen an der Ruhr

Verschiedene Skulpturen mit dem Vermerk: Diese sind zugetan dem Wasser, der Erde, der Luft, dem Feuer und allen anderen möglichen Dingen.

Unter der Bahn hindurch, gleich danach rechts ~ geradeaus weiter in die **Mühlenstraße** ~ vor Ostendorf links in die **Kuhstraße**.

Opherdicke

Rechts auf die **Dorfstraße** und von hier links in den **Krämersweg** ~ dann zwei Mal rechts, über die L 678, danach links ~ auf der **Buschstraße** nach Billmerich.

Billmerich

Nach links ab, an der Kirche vorbei und hier rechts ~ in die Straße **Zur Osterwiese** ~ es geht leicht bergauf ~ eine Rechtskurve folgt ~ an der Kreuzung links Richtung Kessebüren/ Unna ~ links auf dem kleinen Hügel sehen Sie drei riesige Windräder ~ auf dem Weg in den Wald ~ an der nächsten Kreuzung links und dann gleich wieder rechts ~ es geht bergab und unter der **A 44** hindurch ~ danach weiter geradeaus ~ am Stadtrand von Unna eine parkähnliche Anlage durchfahren ~ die **Bornekampstraße** unterquert die Bundesstraße ~ am **Südring** über die Fußgänger- und Radfahrerbrücke und dann links ~ rechts in die **Hertingerstraße** und gleich links in die

Ehemalige Windmühle Ostendorf

Gürtelstraße ~ die **Gürtelstraße** geht über in den **Wallweg** ~ rechts in die **Klosterstraße** mit ihren alten Fachwerkhäusern ~ an der **Bahnhofstraße** links zum Rathaus.

Unna

PLZ: 59425; Vorwahl: 02303

- **Kreis-Kulturamt Unna,** Friedrich-Ebert-Str. 17, ✆ 271341.
- **Hellweg Museum,** Burgstr. 8, ✆ 103411, ÖZ: Di-Fr 10-12.30 Uhr und 15-17 Uhr, Sa 11-13 Uhr, So 11-13 Uhr und 15-17 Uhr. Zeigt und dokumentiert die Geschichte der Stadt von 3.000 v. Chr. bis in die Neuzeit.
- **Lindenbrauerei,** Massener Str. 33-35, ✆ 103213. Das Museum beherbergt u. a. ein Kulturzentrum und mehrere Gastronomiebetriebe. In den alten, ehemaligen Brauereigewölben

kann man ungewöhnliches Licht, Schatten und Lichtfarbigkeit erleben.

St. Katharina (1933/34). Katholische Pfarrkirche. Sie wurde aus Anröchter Sandstein erbaut. Die Tympana über den drei Westportalen und die Heiligenfiguren Bonifatius und Canisius wurden vom Bildhauer Josef Baron 1955/56 geschaffen.

Evangelische Stadtkirche. Sie ist ein dreischiffiger Hallenbau in gotischem Stil. Nach einem Blitzschlag 1863 wurde der neugotische Turmhelm aufgesetzt. Der 84 m hohe Turm wird von zwei mächtigen Säulen mit neun Metern Umfang gestützt.

Altes Rathaus (1829-33), Markt. Anstelle des ehemaligen Gildehauses erbaut. Es diente bis 1914 der Stadtverwaltung, seit 1969 ist es eine öffentliche Bibliothek.

„Zum König von Preußen", Markt 13. In diesem ehemaligen Gasthof übernachtete 1821 und 1843 der Dichter Heinrich Heine.

Fachwerkhäuser (16. u. 17. Jh.). Markt 10 und 11. Hier befinden sich die bedeutendsten noch erhaltenen Fachwerkhäuser der Innenstadt.

Schokoladenhaus (1889). Dieses Haus wurde anstelle des 1882 abgerissenen gotischen Rathauses erbaut. Dabei wurden die Toiletten vergessen und später als Balkone zur Gasse hin eingebaut.

Eulenturm (Oelckenturm) (1475). Der Turm ist ein Rest eines Wehrturms der mittelalterlichen Stadtbefestigung. Durch eine fehlerhafte Übersetzung aus dem Niederdeutschen wurde Mitte des 19. Jhs. aus „Oelckenturm" (Illtisturm) der Eulenturm.

Fachwerkhaus (1577), Gürtelstr. Haus 19. Das älteste Fachwerkhaus in Unna. Eine Balkeninschrift weist die Jahreszahl 1577 auf.

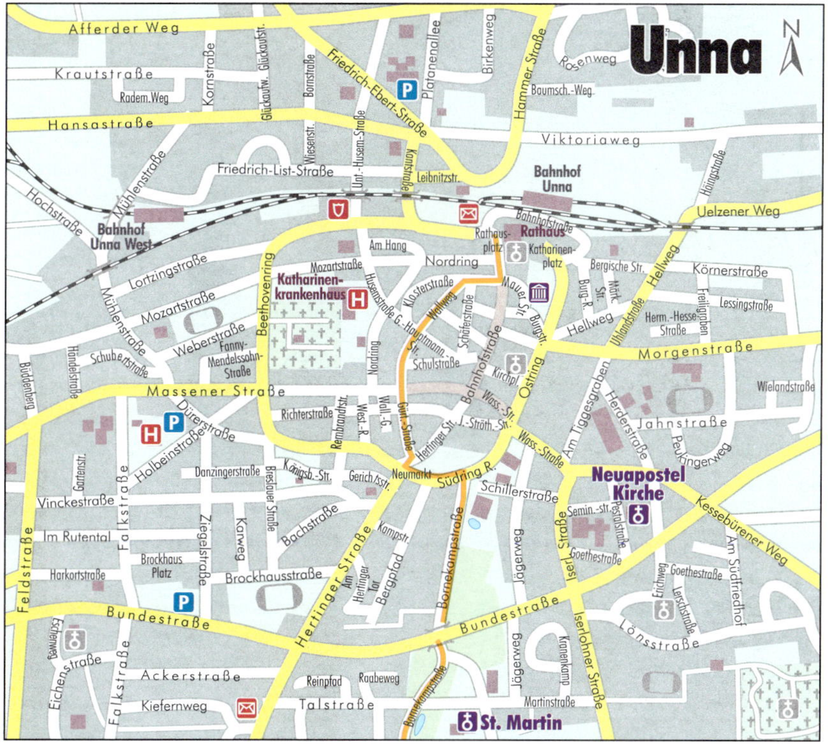

Unnas letzter Nachtwächter (1904). Dem letzten Nachtwächter Friedrich-Wilhelm Werbinsky (1822-1905) wurde mit diesem Standbild ein Denkmal gesetzt.

Der erste Unnaer war sesshaft, betrieb Ackerbau und Viehzucht, verfügte bereits über Kenntnisse zur Keramikherstellung und lebte um 3.000 v. Chr.. Funde aus der vorrömischen Eisenzeit, der Römerzeit und aus der Merowingerzeit bezeugen die dauernde und relativ dichte Besiedlung der Region um Unna.

Kirche in Unna

Mit der Eroberung der Sachsen durch die Franken um 800 n. Chr. unter Karl dem Großen erfolgte auch die Christianisierung dieses Gebietes. Die erste urkundliche Erwähnung der Kirche von Unna 1032 enthielt auch erstmals den Namen von Unna. Durch die strategisch wichtige Lage an der alten Handels- und Heerstraße, dem Hellweg, wurde das Dorf bald zur Stadt erhoben. Dies geschah 1290. Anfang des 14. Jahrhunderts legten die Kölnischen wieder einmal „einen guten Theil" der Stadt in Asche. Eine Ringmauer schützte die Stadt nach dem Wiederaufbau vor weiteren Angriffen und Einnahmen.

Straßenverlauf, Plätze und Häuser hatten für Jahrhunderte ihren festen Platz und das Stadtbild blieb trotz einiger Großbrände unverändert. Die Unnaer bauten ihre Stadt entgegen aller Widrigkeiten immer wieder von neuem auf. Es folgte relative Ruhe und ein bescheidener Wohlstand. Bedingt durch Seuchen und Kriege sank die Ackerbürgerstadt im 17. und 18. Jahrhundert zu wirtschaftlicher und kultureller Bedeutungslosigkeit herab. Die Wiederaufnahme der Salzgewinnung durch den preußischen Staat konnte das Einkommen der Bevölkerung auch nur ein wenig anheben.

Mit dem Anschluss an das Eisenbahnnetz 1855 erfolgt auch die Ansiedlung von Industriebetrieben, Bergbau, Metallverarbeitung und dem Brauereiwesen.

Nach der Schreckensherrschaft des Nationalsozialismus im Zweiten Weltkrieg vollzog sich ein Wandel von der Bergarbeiterstadt zum Verwaltungszentrum des Kreises Unna.

Wieder zurück auf der Hauptroute kurz vor der Brücke links ~ dem Radschild Richtung Schwerte folgen ~ 12 Kilometer sind es bis dahin noch ~ Sie befinden sich nun im Wasserschutzgebiet und radeln direkt neben der Ruhr ~ an der Ohler Mühle vorbei ~ hier eine Brücke überqueren und weiter geht's auf dem asphaltierten Weg ~ direkt vor dem Lettenhof scharf rechts in den **Letteweg** ~ die Häuser oben am Berg gehören zu Hennen ~ es gibt hier auch wieder Radschilder ~ nach zirka einem Kilometer erreicht man die Vorfahrtsstraße ~ hier gibt es eine Schranke, diese kann man aber leicht umfahren – rechts auf die Vorfahrtsstraße ~ es gibt einen Radstreifen auf der rechten Seite ~ die Ruhr überqueren

Berghofen
Schwerterheide
Höchsten
Bergerhof
Sommerberg
Overberge
In der Krümmde
Geisecke
Hohenschwerte
Staubecken
11
12
Haus Lenninghausen
Ohler Mühle
Lette
Eichelberg
Lettenhof
Letteweg
Ost-Hennen
Baarbach
Haus Rutenborn
Ruhr
0,5
3
3,5
Mühlenstrang
Ruhrfeldgraben
Schwerte
Filterbecken
Holzen
Hennen
Haus Bering
Am Romberg
Rheinen
In der Helle
Am Westhofe
Villigst
Im Scherling
Wandhofen
2,5
Ebberg
Rheiner Mark
Segelflugplatz
Koppstadt
Börstinger Hof
225
Börstinger Berg
Am Börsting
Nordhausen
Westhofen
Haus Ruhr
Wasserstraße
Umlaufwülle
160
125
Schwarzelühr
Kalthof
55
Ergste
Halstenberg
Refflingsen
Höfen
Am Ufer
Hachen
Neugrulan
13
165
B 234
B 236
B 233
A 1
A 45
L 648
L 672
L 673
L 676
L 677
K 20
K 19

Ruhr vor Schwerte

und gleich danach links Richtung Wasserwerk Villigst einbiegen ~ bis Schwerte Zentrum sind es 6 Kilometer ~ zunächst rechts neben der Ruhr radeln, zur Rechten befindet sich Geisecke ~ an der Kreuzung biegt der A 10 rechts ab Richtung Geisecke Zentrum ~ die Ruhr-Route führt geradeaus weiter ~ direkt rechts daneben verläuft ein Kanal ~ die Ruhr fließt etwas weiter links ~ nun mitten durch die Viehweiden fahren ~ genau vor Ihren Augen haben Sie den Kirchturm der Stadt Schwerte ~ am **Gut Ruhrfeld** rechts und über die Brücke ~ danach links, bei der nächsten Brücke wieder links über den **Mühlenstrang** ~ die Route geht rechts weiter ~ unter der B 236 hindurch ~ weiter an den Schrebergärten entlang ~ an der nächsten Weggabelung in den mittleren unbefestigten Radweg ~ am Ruhrufer nach rechts auf den Rad- und Fußweg ~ von diesem links im spitzen Winkel hinunterfahren ~ es gibt ein Radschild vom A 10 Südtour Westhofen ~ wenn Sie hier geradeaus weiterfahren, kommen Sie nach Schwerte Mitte, wenn Sie das Zentrum besuchen wollen.

St. Viktor Kirche am Marktplatz

Schwerte

PLZ: 58239; Vorwahl: 02304

Touristik-Information Schwerte, Brückstr. 14, ✆ 219913

Ruhrtal-Museum, im Alten Rathaus.

Altes Rathaus (1547). Es zählt zu den baulichen Wahrzeichen von Schwerte. Spätgotischer Bau mit Stufengiebel und der von neuen Bögen gesäumten Laubenhalle. Diese war in früherer Zeit Standort des Wochenmarktes und der Stadtwaage. Heute befindet sich das Ruhrtal-Museum darin.

Der Freischütz. Architektonisch reizvoller Saalbau im Schwerter Wald. Das Bauwerk war ursprünglich eine Poststation.

Haus Ruhr. Spätmittelalterliche Burganlage. Die baulichen Erweiterungen reichen bis ans 19. Jh. heran. Heute beherbergt das Haus die Ruhr-Akademie.

Kirche St. Viktor. Die Kirche mit dem schiefen Turm ist ebenfalls ein bauliches Wahrzeichen der Stadt Schwerte. Eine Besonderheit im Inneren ist der Antwerpener Schnitzaltar.

962 erstmals erwähnt, kann die alte Stadt Schwerte auf eine lange Geschichte zurückblicken. In ihrer heutigen Größe besteht sie erst seit 1975, seit der Kommunalen Gebietsreform.

Im Jahre 1397 wurde Schwerte zur Stadt erhoben. Durch den Einfluss der Hanse nahm das metallverarbeitende Gewerbe einen wirtschaftlichen Aufschwung. Durch den Zerfall der Hanse und nach dem 30-jährigen Krieg versank die Stadt jedoch in Bedeutungslosigkeit. Erst der Anschluss an das Eisenbahnnetz 1867 machte die Ruhrstadt wieder attraktiv. Metallverarbeitende Betriebe siedelten sich an, Mietshäuser und Fabrikanlagen wurden zum prägenden Element des Stadtbildes.

In den 60er und 70er Jahren wuchs die Bevölkerung durch die Standortvorteile im überregionalen Verkehrsnetz und dem hohen Wohnwert.

Altstadt von Schwerte

Von Schwerte nach Bommern 25,5 km

Auf dem geschotterten Radweg geht es also hinunter zum Bach ~ dort links dem Schild folgend ~ nun links neben dem Mühlenbach weiterradeln ~ schließlich zu einer Holzbrücke ~ auch hier dem Schild nach rechts folgen ~ Sie befinden sich rechts neben der Ruhr ~ gleich nach der Linkskurve steigt der Weg an ~ in Wandhofen beim Sportplatz heraus.

Wandhofen

Am Sportplatz vorbei, dann rechts ~ auf der Straße **Untere Wülle** links ~ an der Kreuzung links hinunter zum Wassergewinnungswerk ~ erst noch die Bahn unterqueren ~ nun hinunter zum Werk und dann ganz rechts hinauf auf dem asphaltierten Weg ~ weiter geht's nun durch den Wald ~ unbefestigt, bergauf und schmal ist die treffende Charakteristik für diesen Waldweg.

Tipp: Der Ruhr-Radweg ist ab Schwerte gut beschildert.

Alsbald zum Parkplatz beim Haus Ruhr und geradeaus vor ~ an eine Kreuzung in einer Allee ~ hier links und dann dem Schild fol-

Radler beim Lettenhof

gend gleich wieder rechts ~ nun auf einem unbefestigten Radweg in die **Wasserstraße** ~ in spitzem Winkel nach rechts einbiegen ~ weiter durch das neue Siedlungsgebiet ~ nach einer Links-Rechts-Kombination geht es unter der Straßen- und Eisenbahnbrücke hindurch ~ weiterhin dem Straßenverlauf folgen ~ an der Kreuzung weist ein Schild nach links in den **Meiner Weg** ~ an der nächsten Kreuzung links, sowie an der Vorfahrtsstraße.

Westhofen

Schließlich zu einer Stopptafel, hier geradeaus weiter in die **Reichshofstraße** ~ am Bahnhof von Westhofen vorbei und danach den Ort schon wieder verlassen ~ in weiterer Folge unter der A 1 hindurchfahren ~ von weitem schon kann man rechts oben das Kaiser Wilhelm Denkmal erkennen ~ nun auf der **Westhofener Straße** weiter ~ von dieser links abbiegen Richtung Haus Husen und Naturbühne in die **Syburger Dorfstraße.**

Tipp: An der nächsten Kreuzung können Sie entweder an der Ruhr eben weiterfahren, oder einen äußerst sportlichen Ausflug über Hohensyburg zur Festung unternehmen.

Altstadt von Schwerte

Variante über Hohensyburg 3,5 km

Bei der Kreuzung geradeaus und es geht bergauf ~ die Straße verläuft sehr kurvenreich ~ am **Gasthaus Eichkamp** und an der Naturbühne Hohensyburg vorbei ~ immer dem Straßenverlauf folgen ~ zur Linken liegt ein Campingplatz ~ an der Kreuzung rechts ~ an der nächsten Kreuzung bei dem Hotel links abbiegen ~ Sie befinden sich im Fremdenverkehrsort Hohensyburg ~ zur Festung geht es links hinauf.

Hohensyburg

Hohensyburg, mittelalterliche Steinburg aus dem 12. Jh. auf dem Syberg. Wahrscheinlich wurde die Burg vom adeligen Geschlecht von Syburg erbaut, welches 1235 erstmals urkundlich erwähnt wurde. Um die Burg befindet sich ein Wall- und Grabensystem aus dem 8. Jh., das aus Holz und Erde konstruiert worden ist. Auf der Hohensyburg befinden sich 3 sehenswerte Denkmäler: das Kaiser Wilhelm-Denkmal, der Vincke-Turm und ein Kriegerdenkmal in der Burgruine.

Peterskirche auf der Hohensyburg. Zählt zu den ältesten Kirchen in Westfalen, der Bau wurde im 12. Jh. begonnen und die Kirche entwickelte sich zu einem bedeutenden Bestattungsort.

Von der Kreuzung ein kurzes Stück vor zur **Hauptstraße** fahren und dort links ~ es geht

Bei Wandhofen

nun in einigen Kurven steil bergab ~ schließlich kommen Sie unten beim See an ~ vor der Brücke rechts ~ so steigen Sie wieder in den Ruhr-Radweg ein.

Die Route führt links hinunter Richtung Hagen/Hengsteysee ~ rechts neben der Bahn weiter ~ der Weg ist ziemlich schmal ~ eine Brücke überqueren, dann links hinunter ~ hier dem Radschild der Route R 33 folgen ~ rechts hinauf geht's zur Gaststätte **Haus Eichkamp** ~ der Weg ist nun nur mehr für Anlieger und Radfahrer frei ~ zirka einen Kilometer am Seeufer entlang fahren und danach zur **Hengsteystraße**.

13
12
14
Schraberg
Ahlenberg
Syburg
K 20
L 704
Asenberg
rmelberg
L 625
Ostende
B 54
Wittbräucke
Klusenberg
255
Kaiser-Wilhelm-Denkmal
3,5
230
Hohensyburg
Syburger Dorfstraße
Husener Mühle
2,5
Westhofenerstraße
L 673
3
Kirchende
L 684
100
1,5
Lenne-Route
A 1
Westhofen
Westende
K 11
Kleff
Speicherbecken
3,5
Hengsteysee
Ruhr
essenberg
K 11
L 675
Wassergewinnungsanlage
Teufelskanzel
Bathey
Herdecke
Rehberg
205
Wienberg
Buschmühle
L 675
Niederweisched
K 5
Hengstey
Kabel
Garenfeld
B 234
5,5
L 674
L 704
Hartkortsee
Ruhr
Boele
Helfe
K 3
Lichtenböcken
Wasser-gewinnungs-anlage
B 54
von-Stein-Turm
Freiheit
Werdringen
100
Haus Ruhreck
L 675
Hagen
Fley
A 45
Lenne
In den Knäppen
Brockhausen
B 226
Wetter (Ruhr)
Vorhalle
Boelerheide
K 1
Berchum
B 226
Volme
ühlenfeld
Eckesey
Halden
A 1
Funckenhausen
B 54
K 2
Altenhagen
140
L 704
130
L 674
Herbeck
Reh

Hengsteysee mit Hohensyburg

Tipp: An dieser Stelle trifft die Variante über Hohensyburg wieder auf die Hauptroute. Zudem trifft hier der Radweg Lenne-Route auf den Ruhr-Radweg. Genauere Infos zur Lenne-Route finden Sie im *bikeline*-Radtourenbuch Lenne-Route.

Die Route verläuft geradeaus weiter ~ die **Hengsteystraße** überqueren und gemütlich am Seeufer weiterradeln ~ noch 3,5 Kilometer am See entlang ~ danach kommen Sie beim Speicherkraftwerk Köppchenwerk wieder heraus ~ geradeaus weiterfahren ~ vorne links befindet sich das Laufwasserkraftwerk ~ beim Restaurant gegenüber der Bootsanlegestelle endet der Stausee ~ links der Straße auf den Radweg wechseln ~ dieser verläuft nun zwischen Ruhr und Straße ~ er führt in der Folge am Schul- und Sportzentrum vorbei ~ noch ein Stück weiter passiert man das Kraftwerk Stiftsmühle ~ der asphaltierte Radweg führt rechts neben der Ruhr entlang, unter der Straßenbrücke der B 54 hindurch ~ am Golf-, Ruder- und Kanuclub vorbeifahren ~ zwischen Minigolf und Ruderclub zweigt ein Radweg nach rechts ins Zentrum Herdeckes ab, wenn Sie dieses besuchen möchten.

Herdecke

PLZ: 58311; Vorwahl: 02330

- **Stadtverwaltung,** Rathaus, Kirchplatz 3, ✆ 6110.
- **Kanustation Herdecke,** Freizeitgelände Bleichstein. Hier können Sie Natur, Abenteuer und Geselligkeit erleben. Weitere Auskünfte erteilt: Lenne-Ruhr-Kanu-Tour, 58239 Schwerte, Alter Hellweg 4, ✆ 02304-61699.
- **Hallenbad,** im Freizeitpark Bleichstein, ✆ 611299 od. 611325.
- **Pumpspeicherwerk mit Speicherbecken.** Das Pumpspeicherwerk steht seit 1986 unter Denkmalschutz, wurde 1994 stillgelegt. Das sich der Bergkuppe anpassende Speicherbecken

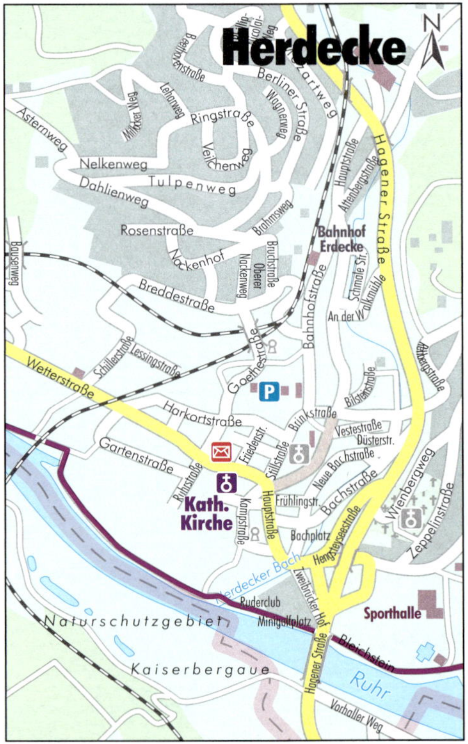

Harkortsee in Wetter mit historischem Schwungrad

fasst 1,5 Millionen Kubikmeter Wasser.

- **Personenschifffahrt, MS „Freiherr von Stein"** (Hengsteysee), Abfahrtzeiten ab Anlegestelle Schiffswinkel, Mo-Fr 14-18 Uhr, So/Fei 10-18 Uhr.
- **Personenschifffahrt**, MS „Friedrich Harkort" (Harkortsee), Abfahrtzeiten ab Anlegestelle Zweibrücker Hof, Mo-Fr 14.30-18.30 Uhr, So/Fei 10.30-18.30 Uhr.

Der schriftlich dokumentierte Beginn der Stadt Herdecke liegt im 9. Jahrhundert. In diese Zeit fällt die Gründung des freiweltlichen Damenstiftes durch Frederuna. Ihr Denkmal befindet sich heute gegenüber dem Rathaus. Namensversionen von Hirreke oder Herreke sind aus dem 13. Jahrhundert bekannt.

Ein Denkmal in Form des Sackträgerbrunnens, nahe dem Stadteingang, erinnert an den Kornmarkt. Dieser Markt entwickelte sich hier im Mittelalter und führte dazu, dass Herdecke 1355 die Marktrechte verliehen bekam. Die Stadtrechte erhielt Herdecke 1739.

Heute ist das vorrangigste Ziel der Ausbau der Industrie- und Gewerbegebiete. Dazu trägt natürlich auch die günstige Verkehrslage von Herdecke bei und ist ein Garant dafür, sich als Mittelzentrum zwischen den Großstädten zu behaupten.

Beim Segelhafen entfernt sich der Radweg vom Fluss ~ an der Querstraße links und dann geradeaus weiter unter der Eisenbahnbrücke hindurch ~ Sie befinden sich nun auf einem Rad- und Fußweg ~ auf diesem nun zirka zwei Kilometer am Harkortsee entlangradeln ~ von diesem Radweg aus können Sie schon die Burgruine von Wetter, die **Freiheit**, und rechts oben auf dem Berg den **Harkortturm** sehen ~ bis direkt nach Wetter geht es am See

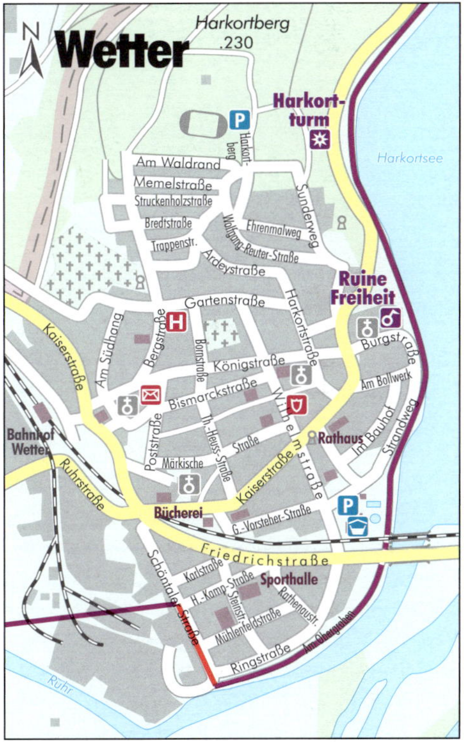

Festung Freiheit in Wetter

entlang ~ Sie fahren dann unterhalb der Ruine und gelangen schließlich zum Freibad.

Wetter

PLZ: 58300; Vorwahl: 02335

Stadtmarketing für Wetter e. V., Kaiserstr. 170, ✆ 840188.

Schifffahrten mit der „MS" Friedrich Harkort, Ab Strandbad Wetter, ✆ 02330/4175, Saison: April-Okt. Rundfahrten auf dem Harkortsee.

Die von einem Ruhrbogen umschlossene Ortschaft bestand im Mittelalter aus zwei Siedlungskernen. Die Burg Wetter wurde in der Zeit von 1250 bis 1274 von den Grafen von der Mark errichtet. Der Hauptgrund für die Errichtung der Burg war wahrscheinlich die Sicherung der Gebiete nördlich und südlich der Ruhr durch die Grafen von der Mark gegen das kurkölnische Volmarstein. Die beiden Siedlungskerne bildeten eine Verwaltungseinheit und bekamen 1355 das Freiheitsprivileg zugesprochen. Um die Burg Wetter bildete sich eine handwerklich-bäuerliche Siedlung, die allerdings durch die mit der Zeit immer mehr abnehmende Benutzung der Burg in wirtschaftliche Bedrängnis kam. Durch Friedrich Harkort und den seine Geschäfte weiterführenden Heinrich Kamp konnte Wetter im 19. Jahrhundert zu einer bedeutenden Ortschaft für den deutschen Maschinenbau werden.

Geradeaus weiterfahren ~ wenn Sie eine Stärkung brauchen, können Sie hier einen Abstecher nach rechts zum Seerestaurant machen ~ nun direkt neben der Ruhr weiterradeln bis zur Straße **Am Obergraben** ~ an der **Pizzeria Il Molise** vorbeifahren ~ auf dem Radweg weiter, dann rechts.

Dem Schild folgend links in das Gewerbegebiet ~ der Radweg führt durch das Gewerbegebiet und weiter entlang der Ruhr bis zur Kreuzung ~ dort links über die Ruhrbrücke ~ am Ende der Brücke rechts in Richtung Wetter-Wengern ~ an der folgenden Ampel links ~ nach 100 Metern dem Schild folgend Richtung Radweg ~ das ist sozusagen der Zugang zum Ruhr-Radweg ~ zuerst noch unter den Bahngleisen hindurch ~ danach einfach dem Verlauf des asphaltierten Weges bergab folgen ~ unten setzt dann der Rad- und Fußweg fort ~ der Weg ist gekiest und der Fluss ist ein Stück weiter rechts ~ der Weg verläuft parallel zur Bahn und zur **Oberwenger Straße** ~ hinter den Edelstahlwerken entfernt sich der Radweg

Harkortsee in Wetter mit Blick auf das Rathaus

14
15
13
Herdecke
Wetter (Ruhr)
Wengern
Trienendorf
Vormholz
Kämpen
Durchholz
Bommerholz
Esborn
Oberwengern
Grundschöttel
Volmarstein
Vorhalle
Westende
Gederbach
Hessenberg
Arenberg
Gedern
Gut Obergedern
Auf dem Heil
270
Haus Mallinckrodt
Harkortberg
230
Haus Schede
Freiheit
Harkortsee
Ruhr
Werdringen
100
Mühlenfeld
In der Bach
Aehringhausen
Schülinghausen
Tinsberg
Löh
Schlebusch
Gut Steinhausen
Sandberg
Höchstreichberg
245
Brasberg
185
Im Loh
Lichtenböcken
Pastoratbusch
Mühlenfeld
Elberg
160
Haus Busche
125
Berghausen
Rauendahl
Wilhelmshöhe
n der Weste
Im Twissel
ammetal
Am Pinkert
Am Padtberg
Ratelbecke
Im Böllberg
Voßhöfen
Am Beisenbruch
Am Ibing
Albringhausen
225
Stoltenberg
Röllinghof
Hohe Egge
Uhlenbarth
Im Langenbruch
Am Hilligloh
Am Obergraben
1,5
2
3,5
5,5
K 2
K 4
K 11
B 235
B 226
B 234
L 675
L 733
L 527
A 43
A 1

Ortsteil Alt-Wetter mit Rathaus

von der Straße und nähert sich der Ruhr ~ schließlich sind dann Bahn, Radweg und Ruhr ganz eng beisammen ~ bei Wengern links unter der Bahn hindurchfahren und an den rot-weißen Pfosten vorbei und geradeaus weiter, nochmals an rot-weißen Pfosten vorbei ~ nun befinden Sie sich in Wengern.

Wengern

Weiter rechts auf dem Rad- und Fußweg rechts neben der Straße ~ hier begegnen Ihnen auch wieder Schilder des R 12, also des Ruhr-Radweges ~ nun einen steilen Anstieg bewältigen ~ auf der rechten Straßenseite gibt es einen Radstreifen und auch einen Gehsteig ~ zur Rechten liegt **Witten** ~ also den Berg hinauffahren und dann kurz vor Witten-Bommern rechts einbiegen, dem Radschild folgend ~ an den Schrebergärten entlangfahren und schließlich auf einen Parkplatz beim Sportplatz ~ nun dem Verlauf des unbefestigten, bergabführenden Weges folgen ~ spitzwinkelig rechts in die Straße **Am Krötenbusch** fahren ~ weiter geht's Richtung Witten/Duisburg ~ auf dem Platz mit dem Baum links halten, den Schildern folgend ~ Sie befinden sich am Stadtrand Bommerns auf der Straße **Im Klive** ~ zur Rechten verläuft die Bahn.

Bommern

Gruben- und Feldbahnmuseum Zeche Theresia, Nachtigallstr. 27-33, ✆ 177/4938504 od. 19433, ÖZ: Mai-Okt. jeden 1. und 3. So 10-18 Uhr. Hier ist alles versammelt, was sich so unter Tage bewegt hat.

Von Bommern nach Hattingen bis Überruhr (Baak) 21,5 km

Die Bahn verläuft weiterhin direkt daneben und der Weg führt auch weiterhin leicht bergab ~ es geht dann rechts unter der Bahn

Blick vom Radweg auf die Ruhr bei Wetter

hindurch ~ an der **Uferstraße** links weiter ~ links neben der Straße beginnt alsbald ein Rad- und Fußweg ~ dieser verläuft nun immer neben der Bahn ~ der Weg ist gekiest, er führt unter der Brücke hindurch und unterhalb der **Nachtigallenstraße** geradeaus weiter ~ der Radweg führt dann zu dieser hinauf, hier rechts halten ~ neben der Ruhr weiter bis zur **Nachtigallenbrücke** radeln – links oben befindet sich Schloss Steinhausen ~ nach rechts über die Ruhr ~ es geht nun Richtung Hattingen ~ der Radweg verläuft durch den Auwald und landet an der B 226 ~ hier links weiter auf dem Radweg und dann an der gro-

15
Weitmar
Laerheide
Hustadt
Crengeldanz
Sonnenschein
Papenholz
Querenburg
Weitmarkmark
Brenschede
Grimberg
Ruhr-Universität
Botanischer Garten
Krone
Heven
Witten
Haar
Ober Stiepel
Schrick
Ruhrlandheim
Luhns-Mühle
Espey
Dörtwinkel
Wasser-gewinnungs-anlage
Im Mailand
Stiepel
Kleff
Schloss Steinhausen
Uferstraße
Ruhr
Frielinghausen
Hohenstein
Haus Hohenstein
Haarmanns-tempel
Helenenturm
Brockhausen
Brockhauser Straße
Behrenbeck
Kemnader See
Herbede
Burg Hardenstein
Muttental
Bommern
16
Welper
Burg Blankenstein
Blankenstein
Haus Kemnade
Katzenstein
An der Weste
Berghausen
Rauendahl
Haus Buschey
Gedern
Wilhelmshöhe
Elberg
Trienendorf
Gut Obergedern
Vormholz
Kämpen
14
Wengern
65
L 551
K 3
K 2
K 13
K 12
L 924
L 625
B 235
A 43
L 525
L 705
B 226
K 5
K 4
L 733
L 675

Aussicht von der Freiheit in Wetter

ßen Kreuzung wieder links auf dem Radweg Richtung Hattingen.

Witten

PLZ: 58452; Vorwahl: 02302

- **Verkehrsverein Witten e. V.**, Ruhrstr. 43, ✆ 12233
- **Märkisches Museum**, ÖZ: Di-So 10-13 Uhr und 14-17 Uhr, ✆ 5812550. Das Museum beherbergt über 4.000 Werke zeitgenössischer deutscher Künstler aus Malerei und Grafik.
- **Haus Witten** (15. Jh.). Der ehemalige Adelssitz entstand infolge von Familienstreitigkeiten der Herrschaften von Witten-Steinhausen. 1788 an Friedrich Lohmann verpachtet, einen der ersten Industriellen in Witten. Das Haus diente bis 1939 als Stahl-Produktionsstätte. Heute ist es eine Kultur-und Begegnungsstätte.
- **Schloss Steinhausen.** Einzige Höhenburg im Stadtgebiet. Neben Haus Herbede die wichtigste Burganlage. Bis in die zweite Hälfte des 15. Jhs. Sitz der Wittener Adelsfamilie und des Eigengerichts Witten. 1732 gelangt es durch Schenkung an die Familie von Elverfeldt, die es 1851 an holländische Kaufleute verkaufte. Das Schloss befindet sich heute noch in Privatbesitz.
- **Burgruine Hardenstein** (13. Jh.). Die Burg befand sich im Besitz der Familie von Hardenberg, die dem Hochadel angehörte und aus dem Bergischen Land stammte.
- **Naherholungsgebiet Hohenstein.** Der Hohenstein ist ein Ausläufer des Ardeygebirges, dessen unverwechselbare Felsnase vom Ruhrufer steil aufragt. Eine herrliche Aussicht über das obere Ruhrtal bietet das Berger-Denkmal, gewidmet Louis Constanz Berger (1928-1891), einem einflussreichen Parlamentarier des preußischen Landtages und später auch des Reichstages.
- **Die Glückauf-Tour.** Eine Entdeckungsreise in die Wittener Bergbaugeschichte. Anmeldungen beim Verkehrsverein Witten.

In einer Urkunde des Erzbischofs Adolf I. von Köln wird der Ortsname Witten erstmals erwähnt.

Bereits im 16. Jahrhundert (1578) durchwühlten Bergleute die Erde auf der Suche nach dem schwarzen Gold.

Bei Witten

1675 erhält Witten die Marktrechte durch den Großen Kurfürsten von Brandenburg und 1825 die Stadtrechte. Die Muttentalbahn wird durch Levin, Freiherr von Elverfeldt im Jahre 1829 gebaut.

Dem Fleiß und Geschick der Bergleute ist es zu verdanken, dass Witten um 1850 die bedeutendste Bergbaustadt des Ruhrgebietes war.

Der Sage nach lebte in der Burg Hardenstein bei dem damaligen Besitzer Neveling von Hardenberg ein Zwerg mit Namen König Goldemar. Er war sein Berater, warnte ihn vor Feinden, spielte und trank mit ihm. König

Goldemar war unsichtbar, nur seine Hände, die kalt und mager waren, konnte man fühlen. Ein Küchenjunge versuchte, den Zwerg mit Hilfe ausgestreuter Erbsen und Asche sichtbar zu machen und musste dies mit seinem Leben bezahlen: Goldemar schlug den Küchenjungen in Stücke, röstete und kochte ihn und verschwand danach unter schrecklichen Flüchen.

Hattingen ist noch 17 Kilometer entfernt ~ bei dem Radweg handelt es sich um einen Fußweg, der auch für Radler benützbar ist ~ der Radweg verläuft neben der Straße ~ zur Linken befindet sich die Ruhr ~ am Ortsbeginn von Witten führt der Radweg links von der Straße weg und hin zur Ruhr.

Die Eisenbahn und das Industriezeitalter

Erst vor zweihundert Jahren wurden die ersten Dampfmaschinen in Deutschland in Betrieb genommen und 1835 fuhr die erste Dampfeisenbahn. Damit begann das Industriezeitalter.

Radlerbrücke hinter Witten

Immer mehr Dampfmaschinen wurden gebaut, immer mehr Eisen und vor allem immer mehr Kohle wurde gebraucht. Die Eisenbahnlokomotiven benötigten große Mengen Steinkohle und die Eisenbahn konnte den Transport billig durchführen, daher hatten nun die Menschen überall die Möglichkeit auch ihre Häuser und Wohnungen mit Kohle zu beheizen.

Jedoch nicht nur Steinkohle, auch gewaltige Mengen von Eisen und Stahl wurden verlangt. Viele tausend Kilometer Schienennetz wurden für die Eisenbahn gebaut, unzählige eiserne Brücken errichtet. Überall entstanden Industriebetriebe, die Eisen brauchten und verarbeiteten, Eisenwaren und Maschinen herstellten.

Um eine Tonne Eisenerz zu Eisen zu schmelzen, wurden damals zwei Tonnen Kohle benötigt. Daher war es sinnvoll Eisenhütten dort zu bauen, wo man Kohle ohne langen Transport und ohne hohe Transportkosten haben konnte.

Den Steinkohlebergwerken und Eisenhütten folgten immer mehr Betriebe, die Unmengen von Kohle verbrauchten und Eisen weiterverarbeiteten. Bergwerke und Hütten wurden selbst auch Abnehmer vieler Industrieerzeugnisse und so siedelten sich solche Zulieferbetriebe oft in der Nähe an. In diesen Betrieben fanden wieder viele Menschen Arbeit. All diese mussten essen, sich kleiden, wohnen und diese Bedürfnisse gaben weiteren Menschen Arbeit und Einkommen.

So entstanden in vielen Steinkohle-Revieren Industriestädte, die mit der Zeit zu riesigen Industrieregionen wuchsen.

Bei Hattingen

Dem Verlauf in der Rechtskurve folgen ~ Sie befinden sich auf der Straße **In der Lacke** ~ eine Querstraße überqueren und weiter geradeaus ~ am Restaurant **Haus Ruhrblick** vorbei ~ unter der Straßenbrücke hindurch ~ zuerst geradeaus und nach zirka 200 Metern links auf dem Radweg weiter ~ der Weg ist durchgehend asphaltiert ~ in weiterer Folge auch unter der Autobahn hindurchfahren ~ nun ganz nahe an den Kemnader See heran ~ an dessen Ufer nun für die weiteren vier Kilometer radeln ~ am Segelhafen vorbei ~ dieser Abschnitt ist sehr ansprechend ~ sowohl von der Aussicht, als auch von den Bedingungen ~ der Weg verläuft eben und ist asphaltiert ~ außerdem ist der Ruhr-Radweg hier wieder vorbildlich beschildert ~ nach dem See geht es weiter an der Ruhr entlang ~ die **Kemnader Straße** unterqueren und danach auf dem asphaltierten Radweg radeln ~ der Radweg verläuft auf dem **Leinpfad** ~ nach rechts auf die Straße **An der alten Fähre** ~ der Radweg geht nach links ab ~ der Vorfahrtsstraße rechts und dem Schild nach links auf die **Brockhauser Straße** folgen.

Der Leinpfad

In der zweiten Hälfte des 18. Jahrhunderts wurde die mittlere Ruhr zur Schifffahrtsstraße ausgebaut. Bis zum Beginn des Eisenbahnzeitalters war der Fluss der wichtigste Transportweg der Kohle und anderer Güter.

Der Leinpfad ist der ehemalige Treidelweg längs des Flusses. Vor dem Eintritt der Dampfkraft in den Dienst der Schifffahrt wurden die Lastkähne von meist mehreren Kaltblutpferden, die über diesen Leinpfad geführt wurden, an Seilen (Leinen) gegen die Strömung gezogen.

Burg Blankenstein bei Hattingen

Die Schiffe, sogenannte „Ruhraaken", konnten bis zu 150 Tonnen befördern. Da der Leinpfad gelegentlich das Ufer wechselte, mussten die Pferde mit dem Schiff zum anderen Ufer gebracht und dort neu angespannt werden. So war die Fahrt flussaufwärts sehr zeitaufwändig und konnte mit der flexibleren Bahn nicht mehr mithalten. 1889 wurde die Schifffahrt vollständig eingestellt.

Der Radweg setzt auf der linken Straßenseite fort ~ der Radweg führt an der Kreuzung hinten herum und dann geht's direkt auf der Straße weiter ~ unter der Brücke hindurch und dann weiter auf der **Blankensteiner Straße** ~ links in die **Rauentalstraße**, dies ist ein Privatweg und nur für Anlieger und Radfahrer frei ~ es ist asphaltiert und im Sommer angenehm schattig ~ schon bald findet man sich mitten im Forst wieder ~ zur Linken befindet sich ein eingezäuntes Wiesengrundstück, die Wassergewinnungsanlage ~ nun zwei Kilometer an diesem Zaun entlangradeln ~ bei den ersten Häusern links hinunter auf den **Leinpfad** ~ vor dem Hof wieder links ~ auf dem **Leinpfad** geht's an der Ruhr entlang bis zum Campingplatz ~ die **Ruhrstraße** rechts hinauffahren ~ weiter geradeaus vor zur Vorfahrtsstraße ~ dort links ~ der **Leinpfad** wird hinter der Ruhrbrücke fortgesetzt ~ also bei Hattingen die Ruhrbrücke überqueren und auf der anderen Seite wieder zum Fluss hinunterrollen.

Hattingen

PLZ: 45527; Vorwahl: 02324

- **Verkehrsverein Hattingen e. V.**, Bahnhofstr. 5, ✆ 201228.
- **Stadtmuseum**, Marktpl. 1-3, ✆ 83653. Neben wechselnden Ausstellungen locken den Besucher der Museumsgarten und das Museumscafé sowie verschiedene Veranstaltungen.
- **Westfälisches Industriemuseum Henrichshütte**, Werksstr. 25, ✆ 92470, ÖZ: Di-So 10-18 Uhr, Fr 10-21.30 Uhr. Zwischen 1854 und 1987 wurden hier Koks, Eisen und Stahl bearbeitet. Bis zu 10.000 Menschen verdienten hier ihren Unterhalt. „Der Weg des Eisens" lässt sich hier beispielhaft und beeindruckend verfolgen.
- **Westfälisches Feuerwehr-Museum**, Werksstr., ÖZ: Mai-Okt. jeden 1. So 11-14 Uhr. Hier wird vor allem der elementare Wandel des Feuerwehrwesens seit der Nachkriegszeit dokumentiert. Industriebrandschutz, Umweltschutz und Rettungsdienst finden hier erstmals Berücksichtigung.
- **Bügeleisenhaus, Heimatkundliches Museum.** In dem sehenswerten Fachwerkhaus von 1611 gibt es eine Präsentation zur Heimatgeschichte, Dichterstube Otto Wohlgemuth, Grabungsfunde von der Isenburg und Burg Altendorf und diverse Sonderausstellungen.
- **Haus Custodis** (Ruine Isenburg) 1200-1225, Isenbergstr., ÖZ: ganzjährig tagsüber; Museum, Wechselausstellung und Caféteria: So 15-17 Uhr. Im 1858 in der Burgruine erbauten Landhaus Custodis werden die Forschungs- und Grabungsergebnisse einschließlich der Nutzungsgeschichte des Isenberges im 19. u. 20. Jh. sowie der 1225/26 zerstörten Isenburg präsentiert. Außerdem bietet sich von der Ruine aus ein Blick über die Ruhrschleife und Hattingen.
- **Bandwebereimuseum Elfringhausen**, Felderbachstr. 59, OT Elfringhausen, ✆ 02052/961543, ÖZ: April-Okt. 2. u. 4. Sa 14.30-17 Uhr, Nov.-März jeden 2. Sa 14.30-17 Uhr. Zu sehen sind verschiedene Webstühle, Bandautomaten und Zubehör aus der Zeit der Bandweberei.
- **St. Georgs-Kirche.** Sie wurde nach den Zerstörungen Hattingens 1424 und 1429 als dreischiffige, gotische Hallenkirche wieder aufgebaut. Dabei erhielt der Kirchturm seinen gotischen Spitzhelm, der stark nach Südwesten geneigt ist. Die Erklärung dafür liegt in der Baupraxis. Ein Spitzhelm ist sehr windempfindlich, deshalb wurde er mit leichter Neigung gegen die Hauptwindrichtung gebaut.
- **Kirchplatz.** Bis 1813 befand sich hier die Begräbnisstätte. Einige Grabplatten des alten Kirchhofes sind noch erhalten. Als Grundsteuer mussten die um den Kirchplatz gebauten Fachwerkhäuser Bienenwachs abliefern. Dieses diente zur Beleuchtung der Kirche. Daher heißen die Häuser auch „Wachszinshäuser".
- **Altes Rathaus.** Vor 1420 war das Haus Markthalle für den Fleischverkauf. 1576 erneuerten die Bürger ihr „raithus" und Ende des 18. Jhs. wurde es im klassizistischen Stil modernisiert. Nach dem Zweiten Weltkrieg wurde das frühere Erscheinungsbild mit seinen 400 Gefachen wieder freigelegt. Heute befindet sich hier die Städtische Galerie und eine Kleinkunstbühne.

- **Turm der Burg Blankenstein.** Von dessen Plattform hat man einen wunderbaren Blick über das Ruhrtal und den historischen Kern des Ortsteiles Blankenstein.
- **Ackerbürgerhaus** (1729), Steinhagen 6-8. Nicht nur Handwerker und Kaufleute, sondern auch Bauern siedelten sich in der mittelalterlichen Stadt Hattingen an. Ihre Felder und Wiesen hatten sie vor den Toren, ihre Gehöfte jedoch im Schutz der Stadtmauern. Der Wohnbereich lag hier auf der Vorderseite, die Stallungen und der Wirtschaftsbereich auf der Rückseite.

Urkundlich erwähnt wurde die Ortschaft Hattingen zum ersten Mal im Jahr 990. Die Bedeutung des Name Hattingen ist ungeklärt, allerdings wird angenommen, dass er von einem germanischen Volk, den Hattuariern abstammt. Die Sachsen konnten in das Gebiet vordringen und schließlich im 8. Jahrhundert den Gau Halterun gründen. Unter Karl dem Großen entstand an einer strategisch wichtigen Stelle ein fränkischer Reichshof. Dieser Reichshof hatte die Aufgabe die fränkischen Herrschaftsansprüche zu sichern.

Der spätere Kaiser Heinrich II. übergab den Reichshof an die Benediktinerabtei Deutz. 1225 ermordete Friedrich von Isenberg den Kölner Erzbischof Engelbert. Dieser Mord bewirkte gravierende Änderungen in der Struktur der Herrschaft. Die Isenburg wurde zerstört und die neuen Landsherren errichten die Burg Blankenstein.

Bei Hattingen

Auf Grund seiner Grenzlage konnte Hattingen zahlreiche Privilegien erreichen. 1396 wurde es wegen des Befestigungsvertrages zu einer stadtähnlichen Siedlung. Die Textilherstellung war die bedeutendste Erwerbsquelle in der Ortschaft. Innerhalb des Westens der Grafschaft Mark war Hattingen der bedeutendste Handelsort. Auf Grund von Krieg und Pest erlitt er im 17. und 18. Jahrhundert wirtschaftliche Rückschläge. Zusätzlich zur Textilindustrie konnte schließlich der Bergbau an Bedeutung gewinnen. 1853, mit dem Beginn der industriellen Revolution im Ruhrtal, begann die moderne Schwerindustrie die Textilindustrie abzulösen. Heute wird Hattingen als ein leistungsfähiges Mittelzentrum, das sich an der Pforte des Ruhrgebietes befindet, gesehen.

Von Hattingen nach Werden 28 km

Von der Brücke in Hattingen in Linksbogen links hinunterfahren, in einer Runde unter der Brücke hindurch ~ am Hotel **Haus Walbaum** vorbei ~ Sie kommen zu einer Schranke ~ dort links Richtung Ruhr ~ unter der Brücke hindurch setzt der Radweg fort ~ die ganze Zeit auf dem **Leinpfad** radeln, welcher in diesem Bereich aufgrund der Pflasterung sehr schlecht zu befahren ist ~ dieser verläuft nahe der L 925, aber immer neben der Ruhr ~ unterhalb der Isenburg wird ein längeres historisches Teilstück des Leinpfades befahren.

Niederwenigern

Die Route verläuft weiterhin auf dem **Leinpfad** neben der Ruhr.

Überruhr-Hinsel
Horst
Eisenbahnmuseum
Dahlhausen
Munscheid
Hohwege
Im Ostholz
Haar
16
Sundern
Ruhr
Leinpfad
Wassergewinnungsanlage
K 5
B 51
130
Linden
1
5
4
1,5
L 925
Burg-Altendorf
60
Rauentalstraße
5,5
Brockhausen
Wasser-
gewinnungs-
anlage
Brockhauser Straße
Die Ey
Überruhr-
Holthausen
Ruine
Burg-Altendorf
Rauendahl
L 651
L 191
Welper
15
17
Dumberg
Baaker Berg
Baak
Leinpfad
L 705
105
Blankenstein
Ruhraue
Byfang
Kötterhöfe
Niederwenigern
Winz
Haus
Heisingen
B 227
K 3
Untewinz
Hattingen
Obereichholz
K 1
Ketteltasche
L 925
B 51
Holthausen
Paas
Am
Dattenberge
Grenzberg
5,5
71
Kupferdreh
Winzermark
Am Hagen
Isenburg
Vogelsberg
Lembeck
Sünsbruch
Isenberg
Rosental

Tipp: Der Radweg ist bei Hochwasser nicht zu befahren. Den Verlauf der Hochwasserumfahrung bis nach Überruhr-Hinsel entnehmen Sie bitte der Karte.

Bei der Brücke bei Dahlhausen an der Straße **Auf dem Stade** heraus.

Tipp: Über die Radlerbrücke gelangen Sie zum Eisenbahnmuseum in Dahlhausen. Dieses beherbergt mit über 200 Fahrzeugen die größte deutsche private Fahrzeugsammlung, wovon einige noch betriebsfähig sind. Weitere Ausstellungen befassen sich mit den letzten 150 Jahren Eisenbahngeschichte sowie der Geschichte und Entwicklung der Dampflokomotive in Deutschland.

Links weiterfahren ~ neben der Ruhr entlang ~ bis Überruhr verläuft die Route auf dem **Leinpfad** neben der Ruhr, das sind zirka vier Kilometer.

Überruhr-Hinsel

Über eine kleine Brücke auf Pflaster fahren, aber nur ein kurzes Stück ~ dann rechts weiterhin neben der Ruhr auf dem Weg **Wichteltal** ~ unter der Eisenbahn- und Stra-

Baldeneysee

ßenbrücke hindurch ~ danach links hinauf in der Linkskurve ~ auf die Straße und auf dieser Ruhrbrücke den Fluss überqueren ~ der Gehsteig ist für Radler freigegeben ~ wenn nach der Brücke befinden Sie sich in Steele.

Steele

Dem Schild der Kaiserroute und dem des Ruhr-Radweges nach links folgen ~ durch den Park ~ der Weg ist asphaltiert und führt rechts oberhalb der Ruhr weiter ~ auf diesem Weg zwischen Bahnlinie und Ruhr bis nach Rellinghausen.

Rellinghausen

Nach zirka zwei Kilometern am Wasserkraftwerk vorbeifahren ~ der Weg führt weiter links in die Straße **Zornige Ameise**, vorbei am **Restaurant Drago** ~ hinauf zur Brücke ~ dort finden Sie eine Ampelkreuzung vor ~ die **Marie-Juchacz Straße** auf der **Konrad-Adenauer-Brücke** überqueren ~ es gibt einen roten Radstreifen, aber leider nur ein Schild der Kaiserroute ~ sobald Sie die Brücke überquert haben, gibt es zwei Möglichkeiten.

Tipp: Die Hauptroute verläuft in Flussnähe. Die Durchfahrt ist hier zur Hochwasserzeit nicht möglich. Als Ausweichvariante können Sie den Radweg entlang der stark befahrenen Hauptstraße benutzen.

Alternative bei Hochwasser

Nach der Brücke auf dem Radweg links neben der B 227, der Wuppertaler Straße, bleiben ~ nach zirka drei Kilometern führt der Radweg links unter der **Theodor-Heuss-Brücke** hindurch ~ Sie finden sich dann wieder an der **Wuppertaler Straße** und hier gibt es

Huttrop
Steele
Essen
L 20
A 52
L 441
3
K 5
Wasser-
gewinnungs-
anlage
1,5
Horst
B 227
Bergerhausen
Überruhr-
Hinsel
75
Ruhr
Leinpfad
Wassergewinnungsanlage
Rellinghausen
L 441
Schloss Schellenberg
1,5
L 925
Burg-
Altendorf
Stadtwald
3,5
Überruhr-
Holthausen
120
Schellenberger
Wald
Heisinger
L 191
K 3
Ruine
Isenburg
55
16
Haus
Ruhreck
B 227
Ruhraue
Baldeneysee
Byfang
Hardenberger Ufer
7,5
Hafen
Heisingen
K 3
Haus
Heisingen
1,5
Haus
Scheppen
Fischlaken
Hafen
K 3
Museumsbahn
Kupferdreh
Werden
Ruhr
120
Luthenhof
18
L 439
Deilbach
Hamm
Hinsbeck
Dilldorf
Heidhausen
Hackland
B 227
Asbach
L 438
Rodberg
Priemberg
Hesperb.
In der
Wünne
Klein-
Oberhesper
Ludscheidtshof
Asbachtal
Simling
Gross-
Vossnacken
Hespertal
Middeldorf
Pollen
Rottberg
A 44
Weinberg
Bernsmühle
Rolland
Langenhorst
Haus
Hackland
Stiefges
73
K 23
B 227
Hefel
17
Röbbeck
N
230
Velbert

zur Linken einen Fußweg und zur Rechten einen Radfahrstreifen.

Für die Hauptroute neben der Ruhr auf der anderen Seite der Brücke vom Radweg neben der **Wuppertaler Straße** links abfahren ~ dem Schild der Kaiserroute folgen ~ nun auf dem Radweg direkt neben dem Fluss fahren ~ schon zu Beginn des Weges weist ein Schild auf eine schlechte Wegstrecke und auf Hochwassergefahr hin ~ der Radweg verläuft immer dicht neben der Ruhr und nach zirka 2,5 Kilometern entfernen Sie sich bei Heisingen wieder vom Fluss, denn beim **Gasthaus Rote Mühle** fahren Sie rechts ~ Sie gelangen an die Vorfahrtsstraße ~ hier gibt es ein Schild ~ die **Wuppertaler Straße** überqueren und auf dem Radstreifen auf der rechten Straßenseite weiterfahren.

Sobald rechts der Stauseebogen abzweigt führt der Radweg bergauf ~ er verläuft ein kurzes Stück oberhalb der Straße und kommt dann wieder herunter ~ nun geht's auf der Straße weiter ~ bei der blauen Tafel mit Aufschrift **Fischerhaus am See** links hineinfahren ~ links zwischen den Häusern schimmert schon der Balteneystausee durch ~ Sie befinden sich am Stadtrand von Heisingen.

Heisingen

Weiterhin dem Verlauf des Stauseebogens folgen ~ es beginnt ein Rad- und Fußweg ~ beim Parkplatz links hineinfahren und weiter geht's auf dem Rad- und Fußweg neben dem Stauseebogen ~ Sie kommen nun direkt an den See und überqueren links die Metallbrücke ~ nach der Brücke rechts auf das Hardenbergufer ~ nun zwischen See und Museumsbahn weiterradeln ~ das ist die Hespertalbahn ~ nach zirka drei Kilometern kommen Sie zur Anlegestation **Haus Scheppen** ~ um diese links herumfahren sowie um den Jachthafen ~ schließlich mündet der Radweg auf der Straße **Pörtingssiepen** ~ hier rechts halten.

Sie kommen zu einem Parkplatz mit mehreren Imbissbuden, hier können Sie Rast machen ~ es gibt auch eine Pizzeria, die in dem alten Anlegehaus untergebracht ist ~ danach heißt es wieder weiterradeln auf dem Hardenbergufer, direkt neben dem See ~ an einem Campingplatz vorbei ~ der Weg ist durchgehend asphaltiert ~ nach einiger Zeit endet der Rad- und Fußweg und das Hardenbergufer ist auch für Autos befahrbar ~ zur Rechten befindet sich die Kraftwerksschleuse ~ am Ortsbeginn von Werden links in die Straße **Neukircher Mühle** fahren.

Werden

Von Werden nach Duisburg — *42 km*

In der Straße **Neukircher Mühle** in Werden kommen Sie an einem riesigen Schlot vorbei ~ an der Weggabelung links ~ dann gibt es endlich wieder ein Radschild des Ruhr-Radweges ~ diesem nach links in die **Heckstraße** folgen ~ an der nächsten Kreuzung rechts in die **Josef-Breuer-Straße** ~ als nächstes links in die Einbahnstraße – die **Körholzstraße** ~ diese geht über in die **Grafenstraße** ~ Sie kommen wiederum an eine Kreuzung und biegen hier rechts ab ~ in weiterer Folge die Ruhr auf der **Gustav-Heinemann-Brücke** überqueren ~ am besten auf dem Gehsteig über die Brücke fahren ~ auf der anderen Sei-

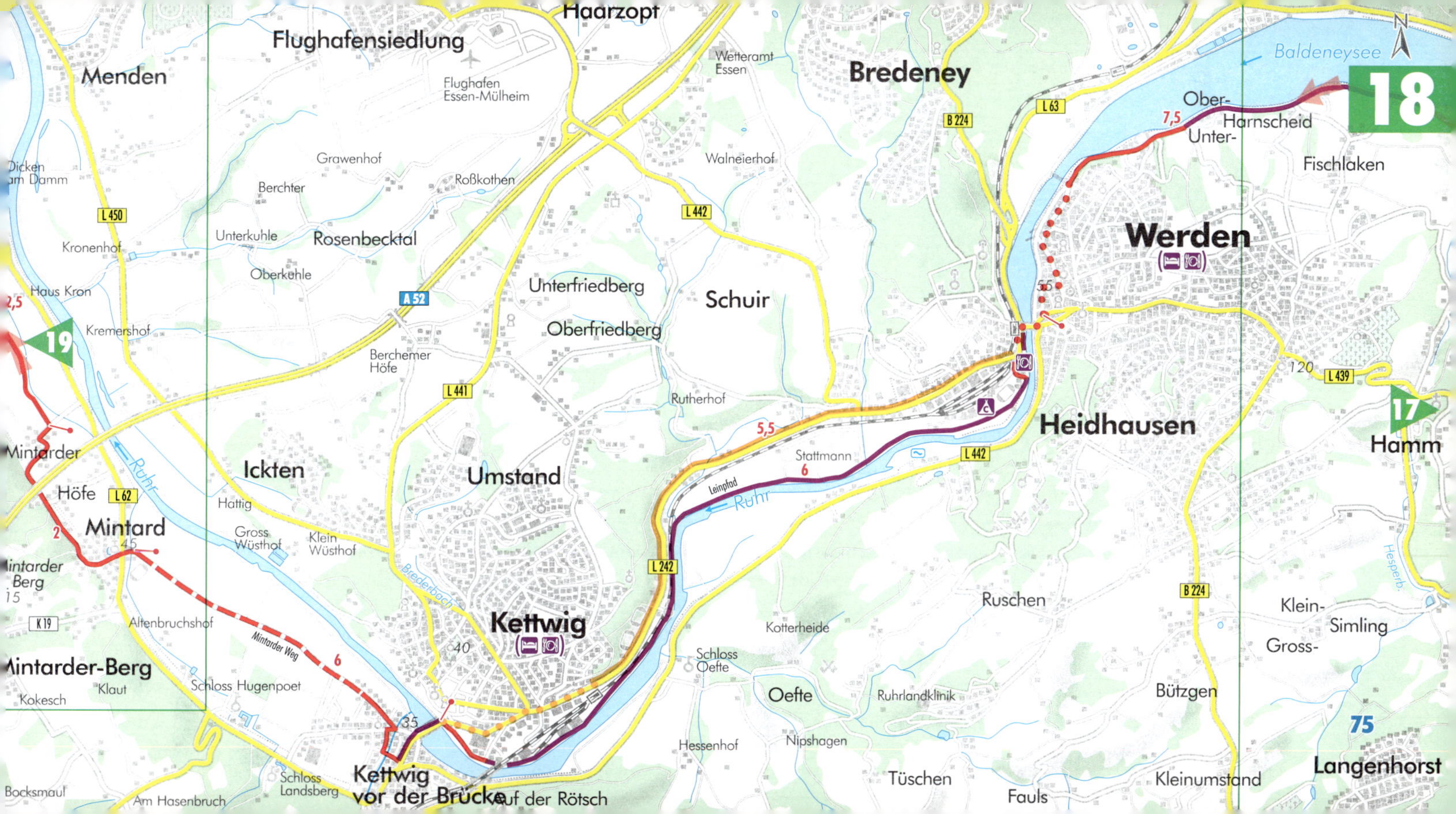
Haarzopf
Flughafensiedlung
Menden
Flughafen
Essen-Mülheim
Wetteramt
Essen
Bredeney
Baldeneysee
18
Ober-
Harnscheid
Unter-
7,5
L 63
B 224
Fischlaken
Dicken
am Damm
Grawenhof
Berchter
Roßkothen
Walneierhof
L 450
L 442
Unterkuhle
Rosenbecktal
Kronenhof
Oberkuhle
Werden
Haus Kron
A 52
Unterfriedberg
Schuir
2,5
19
Kremershof
Oberfriedberg
Berchemer
Höfe
L 441
Rutherhof
120
L 439
17
Heidhausen
Hamm
5,5
Mintarder
Stattmann
L 442
Ickten
Umstand
Ruhr
6
Leinpfad
Höfe
L 62
Hattig
Mintard
2
45
Gross
Wüsthof
Klein
Wüsthof
Brederbach
L 242
B 224
Mintarder
Berg
Ruschen
Klein-
Simling
Hesperb.
K 19
Altenbruchshof
Mintarder Weg
Kettwig
Kotterheide
40
Gross-
Schloss
Oefte
Mintarder-Berg
Klaut
Schloss Hugenpoet
Kokesch
Oefte
Ruhrlandklinik
Bützgen
35
75
Hessenhof
Nipshagen
Schloss
Landsberg
Kettwig
vor der Brücke
Auf der Rötsch
Tüschen
Fauls
Kleinumstand
Langenhorst
Bocksmaul
Am Hasenbruch

Kettwig

te bei der großen Kreuzung gibt es wieder ein Radschild unter der Verkehrstafel ~ nach links wenden und den Zebrastreifen überqueren ~ auf der anderen Straßenseite erstmal auf dem Gehsteig rechts neben der Ruhr fahren ~ nach einigen Metern geht es links hinunter auf dem schmalen asphaltierten Fußweg ~ hier gibt es ein Schild Richtung Essen, Kettwig und Duisburg ~ unten angekommen, sehen Sie einen großen Parkplatz unter der Straßenbrücke ~ diesen einfach überqueren ~ an eine Kreuzung ~ rechts geht's zum Bahnhof, aber links weiter vorbei am **Restaurant Löwental** ~ den Wegweisern Richtung **Leinpfad** links hinunter folgen ~ direkt an der Ruhr nach rechts fahren ~ nun an den Parkanlagen vorbeiradeln und weiter auf dem **Leinpfad** ~ nach zirka drei Kilometern an der Ruine Am Kattenturm vorbei, diese steht direkt links neben der Route ~ auf dem **Promenadenweg** nach Kettwig.

Kettwig

Vom **Promenadenweg** links auf die **Ringstraße** ~ es gibt auf der rechten Seite einen Radweg ~ die Ruhr überqueren ~ auf der Brücke gibt es auch einen Radweg ~ nach der Brücke weiter bis zur **Volkmarstraße** und hier rechts einbiegen ~ wieder rechts in die **Arndtstraße** ~ weiter rechts in die **Landsberger Straße** ~ danach schräg nach links weg ~ so am **Stillen Winkel** vorbei ~ bis zur Kreuzung fahren, dort rechts ~ in die Sackgasse einbiegen ~ dies ist der **Mintarder Weg** in Richtung **Brücker Schule** ~ ein Schild weist geradeaus ~ der Asphalt endet und der Weg ist nun gekiest ~ es begegnet Ihnen noch ein Radschild Richtung Mülheim ~ direkt vor Ihnen erhebt sich die Autobahnbrücke der A 52 ~ am Fußballplatz vorbei in Mintard einfahren.

Mintard

Mintard

Hier ist der Weg wieder asphaltiert ~ Sie kommen an eine Kreuzung mit der **August-Thyssen-Straße**, überqueren diese und folgen dem Straßenverlauf der **Mintarder Dorfstraße** ~ es folgt eine Rechtskurve ~ weiter auf der Dorfstraße radeln, diese ist nur mehr für Anlieger und Radfahrer frei ~ ein Schild weist auf eine schlechte Wegstrecke hin ~ unter der Autobahnbrücke hindurch ~ an der Kreuzung nach der Brücke rechts einbiegen ~ es handelt sich dabei um ein Privatgrundstück und die Benutzung erfolgt auf eigene Gefahr

Aussicht vom Radweg bei Mülheim

~ an den Pferdekoppeln entlang parallel zur Autobahnbrücke ~ es folgt eine Links-Rechts Kombination durch die Mintarder Höfe ~ schließlich links in den **Ruhrauenweg** ~ dieser ist ein Landwirtschaftsweg und nicht asphaltiert ~ parallel zu dem Weg verläuft zur Rechten die L 62 und noch weiter rechts fließt die Ruhr ~ an der Weggabelung den linken Weg nehmen ~ links vom Campingplatz vorbeifahren ~ bei der nächsten Kreuzung geradeaus weiter.

Tipp: An der Vorfahrtsstraße angekommen gibt es zwei Schilder. Der Ruhr-Radweg führt geradeaus weiter und der Radweg nach Mülheim führt auf dem Radweg links neben der Mintarder Straße weiter.

Dem Schild des Ruhr-Radweges folgend auf dem gekiesten Weg, der zum Damm hinaufführt ~ oben auf dem Damm links halten und auf dem asphaltierten Rad- und Fußweg radeln ~ unter der Brücke der B1 hindurchradeln ~ danach weiter neben der Ruhr ~ nach der Brücke rechts in den Weg, der direkt zur Ruhr führt ~ an der Weggabelung links hinunterfahren und wieder links ~ dann den kleinen Bach auf der Holzbrücke überqueren und nun geradeaus weiterfahren ~ ein Stück weiter rechts in den **Saarner Auenweg** ~ an den verschiedensten Sportplätzen vorbeifahren ~ hier gibt es auch hin und wieder Abfahrten nach links zu den Sportanlagen ~ immer geradeaus weiter radeln ~ an der nächsten Kreuzung rechts hinunter ~ der Weg ist zuerst gepflastert und dann wieder gekiest ~ er führt an der Ruhr entlang ~ schließlich kommen Sie zu einer Holzbrücke ~ links auf die Brücke hinauffahren und auf dieser die B 223 überqueren und Sie befinden sich schon mitten in Mülheim.

Mülheim

Mülheim

PLZ: 45468; Vorwahl: 0208

- **MST Mülheimer Stadtmarketing und Tourismus GmbH**, Schlossstr. 11, ✆ 9609629
- **Aquarius Wassermuseum**, Burgstr. 68, ✆ 4433390, ÖZ: Di-So 10-18 Uhr. Die herausragende Architektur und die inhaltliche Konzeption brachten weltweite Anerkennung. Gläserne Fahrstühle bringen die Besucher auf die oberen Ebenen, durch den noch teilweise gefüllten Wasserbehälter hinauf bis zum Panoramakreuz. Auf 14 Ebenen warten 25 Multimedia-Stationen und ermöglichen den Eintritt in die Welt des Wassers.
- **Alte Post. Kunstmuseum mit Bilderwelten** von Zille bis zu zeitgenössischen Künstlern.
- **Büromuseum**, im Rathausturm

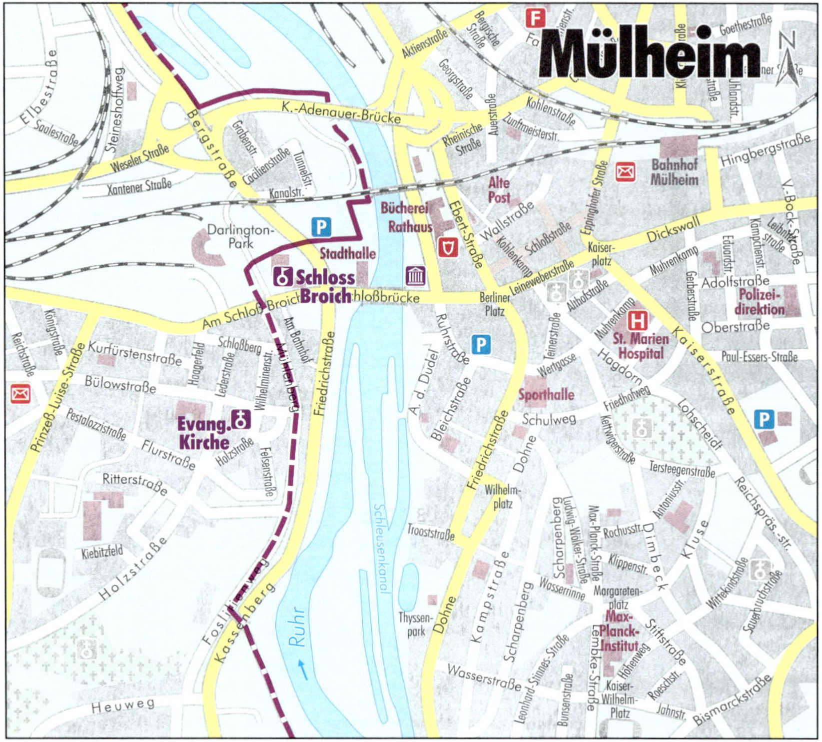

Schloss Styrum. Rund 600 Jahre altes Schloss mit Erlebnisgastronomie und Biergarten.

Schloss Broich (883/884). Einzige erhaltene spätkarolingische Profananlage in Europa. Sie wurde zum Schutz eines durch die Ruhrfurt führenden Zweiges des Hellweges und als Bollwerk gegen die Normannen errichtet.

Petrikirche. Rund um diese 700 Jahre alte Kirche gruppieren sich auf dem Kirchenhügel bergische Stadthäuser.

„Tersteegenhaus“. Heimatmuseum

Galopprennbahn Raffelberg. Eine der schönsten Anlagen dieser Art in Deutschland.

„Camera Obscura“. Im alten Broicher Wasserturm, ein begehbares optisches Meisterwerk.

Wasserbahnhof. Auf der Schleuseninsel lädt das „Haus Ruhrnatur“ ein. Es bringt Großstadtmenschen die Natur der Ruhr nahe.

Mülheim und die Ruhr, das ist eine über ein Jahrtausend alte Verbindung. An den Ufern und Bachtälern standen Mühlen, die der Stadt ihren Namen gaben. Zum ersten Mal wird „Mulenheim“ 1093 in einer Urkunde der Edelherren von Broich genannt.

Im 18. Jahrhundert war die Ruhr der meistbefahrene Fluss in Europa und Mülheim das Zentrum der Ruhrschifffahrt, des Kohlenhandels und der Lederindustrie.

Mülheim entwickelte sich als Großstadt im Revier zu einem Zentrum von Handel, Dienstleistung und Wissen-

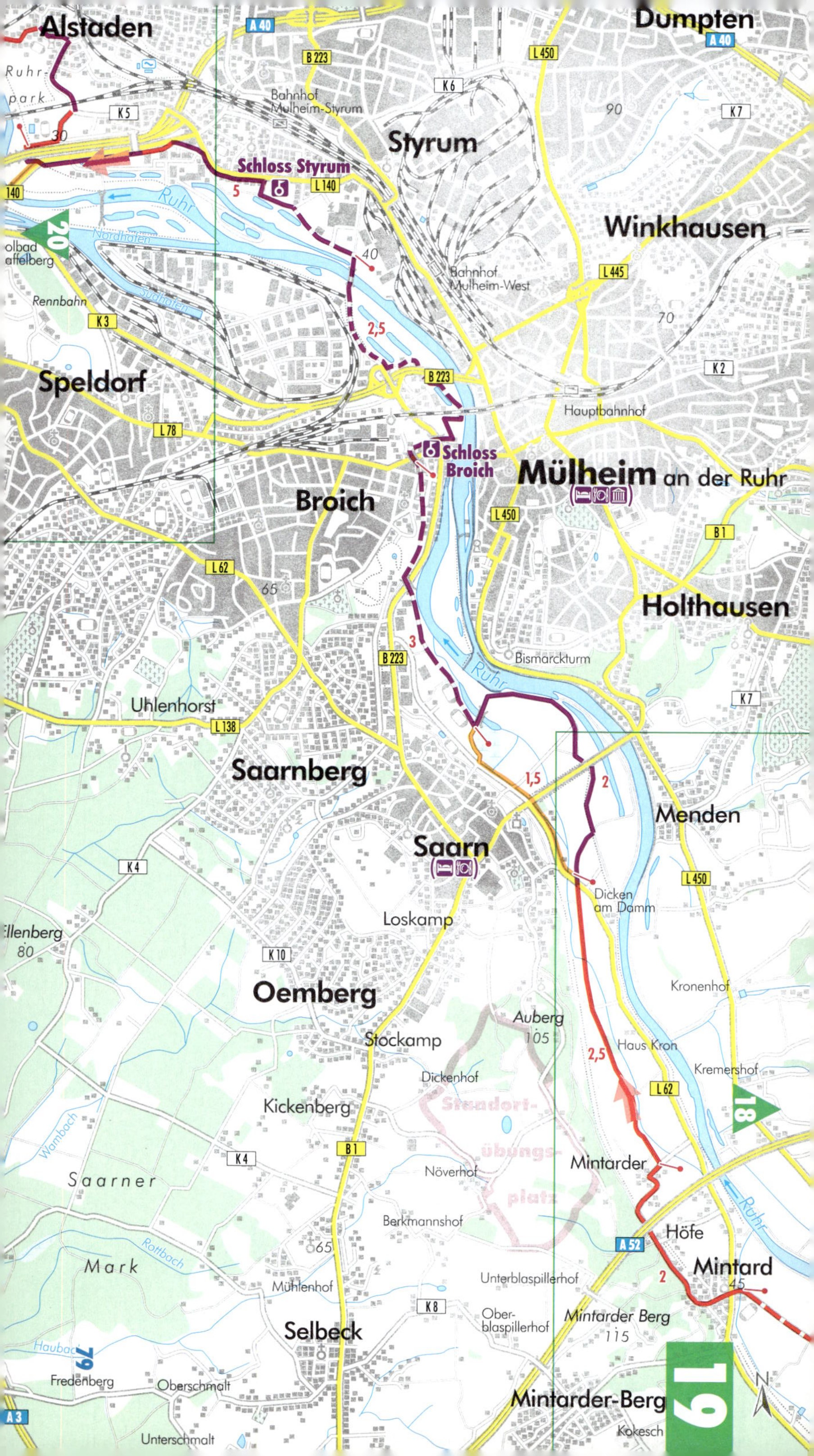

Alstaden
Ruhrpark
Dümpten
Styrum
Schloss Styrum
Bahnhof Mülheim-Styrum
Winkhausen
Bahnhof Mülheim-West
Speldorf
Rennbahn
Nordhafen
Südhafen
Hauptbahnhof
Schloss Broich
Mülheim an der Ruhr
Broich
Holthausen
Bismarckturm
Uhlenhorst
Saarnberg
Saarn
Menden
Dicken am Damm
Loskamp
Oemberg
Kronenhof
Auberg
Stockamp
Haus Kron
Kremershof
Dickenhof
Kickenberg
Standort-übungsplatz
Mintarder
Növerhof
Saarner Mark
Wambach
Rottbach
Berkmannshof
Höfe
Mintard
Unterblaspillerhof
Mühlenhof
Oberblaspillerhof
Mintarder Berg
Selbeck
Haubach
Fredenberg
Oberschmalt
Mintarder-Berg
Kokesch
Unterschmalt
Ruhr
20
18
19
79
A 40
A 52
A 3
B 1
B 223
L 450
L 445
L 140
L 78
L 62
L 138
K 5
K 6
K 7
K 2
K 3
K 4
K 10
K 8

schaft. Einkaufszentren, Forschungsinstitute, wie die zwei Max-Planck-Institute, aber auch Kultur- und Kongresszentrum in der Stadthalle tragen wesentlich dazu bei.

Koks aus Ruhrkohle zur Eisenerzeugung

Die Erzeugung von Koks geht vermutlich auf den deutschen Chemiker Johann Becher (1635-1682) zurück.

In Mülheim auf der Friedrich-Wilhelm-Hütte gelingt es 1849 erstmals, eine Eisenhütte mit Ruhrkoks mit Erfolg zu betreiben. Dadurch ist es möglich, größere Hochöfen zu errichten und Eisen zu produzieren, unabhängig von Koksimporten aus dem Ausland.

Bis zum Ende des 18. Jahrhunderts wurde in Eisenhütten, wo das Brennmaterial die glühende Erzsäule tragen muss, Holzkohle verwendet. Steinkohle war dafür nicht geeignet, da bei der Verbrennung Schwefel, Ruß und Rauch entstanden, die das Eisen brüchig machte und die Erzsäule nicht tragen konnte.

Erst mit der Herstellung von Koks ist ein Brennstoff vorhanden, der nahezu rauchfrei verbrennt und trotzdem über eine hohe Tragfähigkeit für die Erzsäule und einen sehr hohen Brennwert verfügt.

Schloss Styrum

Zur Produktion von Koks wird Steinkohle unter Luftabschluss bei Temperaturen um 1000°C zwei bis drei Tage lang erhitzt (verkokt).

Nach dem Überqueren der Holzbrücke, geradeaus weiter auf dem **Fossilienweg** → der Radweg ist unbefestigt und verläuft zwischen den Bäumen, was im Sommer sehr angenehm ist → schließlich zu einer Parkanlage → in der Mitte befindet sich ein riesiger Stein, um diesen herumfahren → weiter geradeaus durch den Park → auch in den Spielplatz hineinfahren → hier gibt es mal wieder ein Schild, welches geradeaus weist → der Weg ist weiterhin gekiest → vom **Fossilienweg** in den **Forster Weg** → über eine Brücke und somit die Straße **Am Schloss Broich** überqueren → das Schloss zur Rechten → zu einem größeren Platz mit einigen Fahnenmasten, hier rechts halten → es geht bergab durch die Park- und Grünanlagen → bei einer Kreuzung links über die **Kvar Saba Brücke** → weiter bergab und vorbei an unzähligen Springbrunnen → immer den Radschildern folgen → schließlich sehen Sie eine riesige Brücke → zuerst parallel dazu fahren und dann durch das Tor → bei der Weggabelung links halten → es geht an einem Tümpel entlang.

Unter der **Konrad-Adenauer-Brücke** mit dem blauen Geländer hindurchfahren → der Belag besteht aus Kies → auf der anderen Seite des Parks bei dem Tor wieder hinausfahren und weiter geradeaus auf dem Kiesweg → es geht bergauf und der Weg ist gepflastert → über

Aussicht von der Styrumer Brücke

eine Straße und an einen Rad- und Fußweg neben der **Bergstraße** ⁓ hier rechts ⁓ bei der Weggabelung den mittleren Richtung Styrum und **Broicher Dammweg** nehmen ⁓ der Weg ist unbefestigt ⁓ an einem Kohlewerk vorbei ⁓ schon bald befinden Sie sich auf dem **Broicher Damm**, dieser ist asphaltiert ⁓ die Ruhr auf der **Styrumer Brücke** überqueren ⁓ nach rechts ein wunderbarer Ausblick auf Mülheim ⁓ sobald Sie die Brücke überquert haben, befinden Sie sich in Mülheim-Styrum.

Mühlheim–Styrum

Nach der Brücke links hinunter auf die Holzbrücke und dann weiter auf dem **Styrumer Schlossweg** ⁓ auf Pflaster geht es dann bei der Weggabelung links weiter ⁓ am Schloss Styrum vorbei ⁓ dann weiter in der Rechtskurve und geradeaus vor an die **Moritzstraße** ⁓ hier links halten ⁓ es gibt einen Rad- und Fußweg auf der linken Straßenseite ⁓ Sie haben die Möglichkeit bei der Radstation in der **Limburgstraße** Halt zu machen ⁓ dorthin weist ein Schild nach rechts weg ⁓ aber das wäre nur ein kurzer Abstecher, denn die Route führt geradeaus weiter ⁓ bei nächster Gelegenheit die Straße überqueren und auf der rechten Seite weiterfahren ⁓ direkt beim Baumarkt gibt es ein Schild, das nach links über die Straße weist ⁓ Sie befinden sich nun auf der **Steinkampstraße** ⁓ auf dem Privatparkplatz weiter auf dem schmalen, gepflasterten Weg fahren ⁓ nicht über die Brücke sondern geradeaus weiter und bei nächster Gelegenheit nach rechts unter der A40 hindurch.

In einer Linkskurve um das Stadion herum ⁓ an der Vorfahrtsstraße links auf den Rad- und Fußweg ⁓ dem kurvigen Verlauf folgen und dann links in die **Speldorfer Straße**, unter

Auf dem Styrumer Weg

der Eisenbahn hindurch ⁓ links weiter in die Straße **Am Ruhrufer** ⁓ dem Verlauf in die **Ruhrufer Straße** folgen, diese mündet in der **Speldorfer Straße** ⁓ unter der Autobahn und der Eisenbahn hindurch ⁓ die Vorrangstraße queren und dann rechts ⁓ vor dem Kanal dem Weg nach links folgen, dieser führt über eine Brücke und unter der Autobahn hindurch ⁓ schließlich nach links und die Ruhr überqueren ⁓ auf den Radweg nach rechts, Sie befinden sich nun in Duisburg.

Duisburg

PLZ: 47051; Vorwahl: 0203

Tourist-Information, Königstr. 86, ✆ 285440

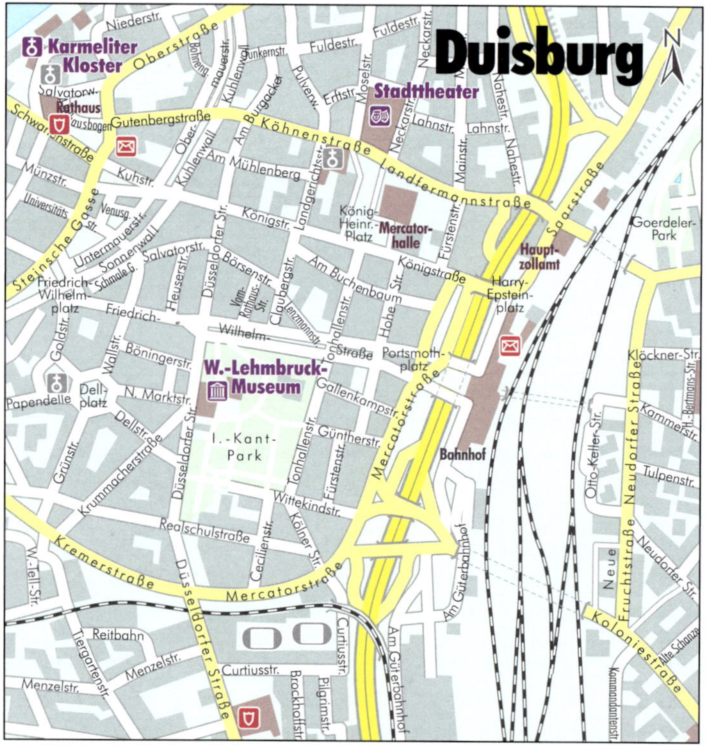

Hafenrundfahrten, ✆ 6044545. Ab Schwanentor, Schifferbörse in Ruhrort oder Rheingarten in Homberg.

Wilhelm-Lehmbruck-Museum, Friedrich-Wilhelm-Str. 40, ✆ 2832630, ÖZ: Di-Sa 11-17 Uhr, So 10-18 Uhr. Das Museum weist zwei Sammelschwerpunkte auf: das Gesamtwerk des Namensgebers (1881-1919) und internationale Bildhauerkunst des 20. Jh.s mit Arbeiten von Archipenko, Ernst, Giacometti, Moore, Laurens u. a. Die Gemäldesammlung vermittelt einen umfassenden, um den Expressionismus zentrierten Überblick über die deutsche Malerei des 20. Jh.s.

Kultur- und Stadthistorisches Museum, Johannes-Corputius-Pl. 1, ✆ 2832656, ÖZ: Di-Do, Sa 10-17 Uhr, Fr 10-14 Uhr, So 10-18 Uhr. Schwerpunkt bildet die Vor- und Frühgeschichte des Duisburger Raumes sowie die provinzialrömische Archäologie am Niederrhein. Sehenswert ist auch die Schau von niederrheinischer Irdenware und die Mercator-Sammlung. Das Museum liegt im Innenhafen in unmittelbarer Nähe zu dem „Garten der Erinnerungen" und der modernsten Hängebrücke der Welt.

Museum Küppersmühle, Philosophenweg 55, ✆ 30194811. Die denkmalgeschützte Küppersmühle beherbergt eine Kunstsammlung bedeutender Nachkriegskünstler. Hier am Innenhafen stehen denkmalgeschützte Kornspeicher aus der Zeit Anfang 19. Jh. als Duisburg die Kornkammer des Ruhrgebietes war.

Stadtmauer, Duisburg hat die älteste urkundlich erwähnte Stadtmauer Nordrhein-Westfalens. (1129) Sie befindet sich unmittelbar am Stadthistorischen Museum.

Salvatorkirche, am Alten Markt. Die dreischiffige Tuffsteinbasilika stammt aus der 1. Hälfte des 15. Jh.s. Nach dem Zweiten Weltkrieg blieb lediglich das Mauerwerk bestehen, was eine getreue Wiederherstellung möglich machte. Ein Gedenkstein über dem Grab von Gerhard Mercator macht hier auf den 1594 verstorbenen Begründer der modernen Kartographie aufmerksam.

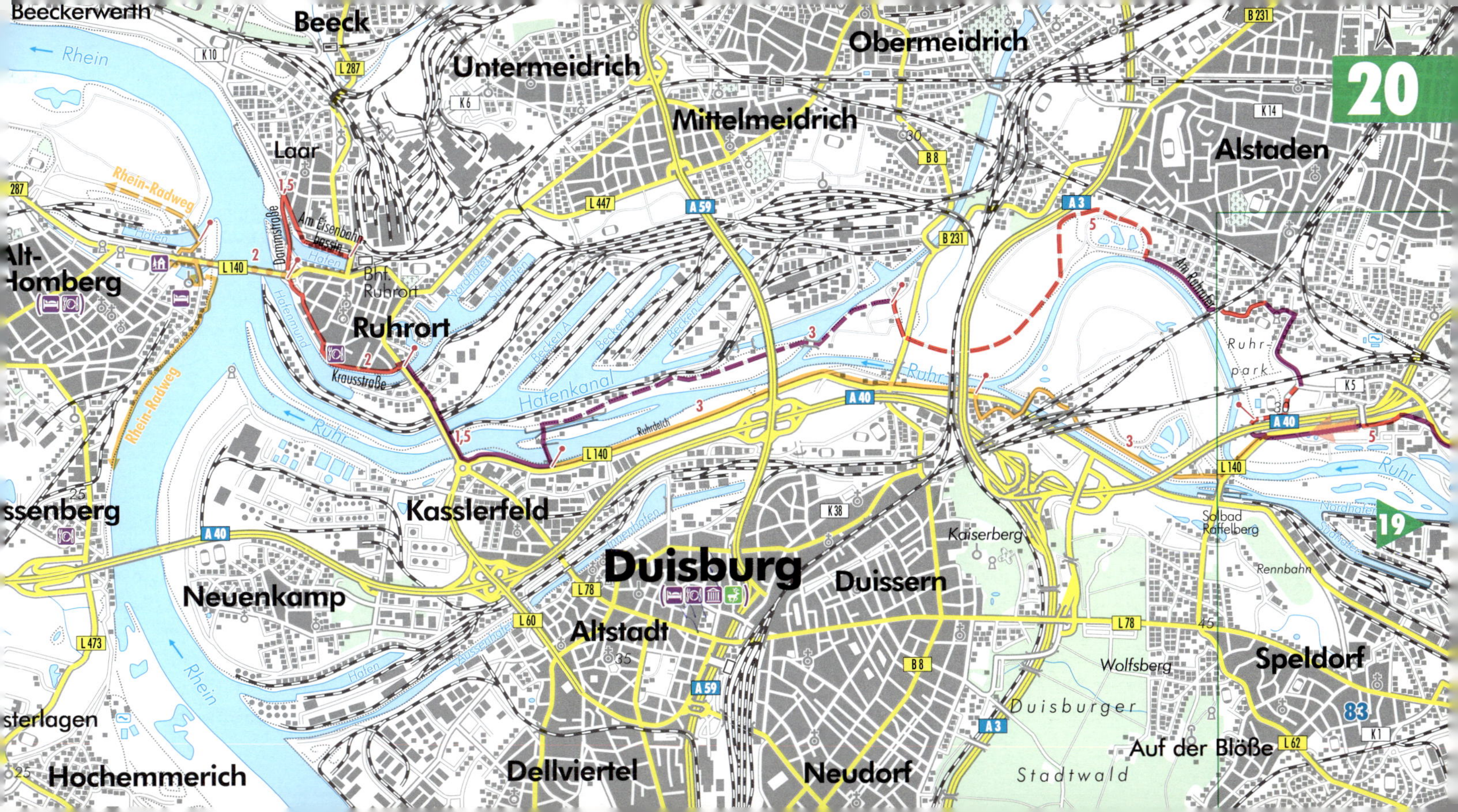

20
19
83
Beeckerwerth
Beeck
Obermeidrich
Untermeidrich
Mittelmeidrich
Alstaden
Laar
Rhein
Rhein-Radweg
Alt-Homberg
Ruhrort
Bhf. Ruhrort
Am Eisenbahnbassin
Dammstraße
Hafen
Hafenmund
Krausstraße
Nordhafen
Südhafen
Becken A
Becken B
Becken C
Hafenkanal
Ruhr
Ruhrdeich
Am Ruhrufer
Ruhrpark
Kasslerfeld
Duisburg
Duissern
Kaiserberg
Solbad Raffelberg
Rennbahn
Neuenkamp
Altstadt
Innenhafen
Aussenhafen
Wolfsberg
Speldorf
Duisburger Stadtwald
Auf der Blöße
Dellviertel
Neudorf
Hochemmerich
sterlagen
ssenberg
A 3
A 40
A 59
B 8
B 231
L 140
L 287
L 447
L 60
L 62
L 78
L 473
K 1
K 5
K 6
K 10
K 14
K 38

Dickelsbachsiedlung, OT Wanheimerort, entlang der A 59. Als Beispiel für den deutschen Sozialwohnbau der 20er Jahre sind hier 400 Einfamilien-Reihenhäuser zu sehen, die nach dem Modell der Kleinfamilie für ca. 2500 Menschen eine funktional gut durchdachte und architektonische bemerkenswerte Wohnmöglichkeit boten und noch immer bieten.

Zoo Duisburg. Zwischen Duisburg und Mülheim, Mülheimer Str. 273, ✆ 3055923. ÖZ: Mo-So ab 8.30 Uhr. Die europaweit bekannte Zooanlage wartet mit Walarium und Delphinarium, Afrikanum, darin eines der reichhaltigsten Affenhäuser der Welt oder einem Äquatorium auf. Im Chinesischen Garten mit Original-Architektur sind Rote Pandas und in der freien Wildbahn schon ausgestorbene Arten zu sehen.

Revierpark Mattlerbusch mit Niederrhein-Therme, 47196, Wehofer Str. 42, ✆ 995840. Sauna, Sole, Saline und Park sorgen für gesundes Wohlbefinden, Entspannung und Erholung.

Rhein-Ruhr Hafen. Größter Binnenhafen der Welt. Fahrplanmäßige Rundfahrten von April-Okt.

In dem verkehrsgünstig, am Zusammenfluss von Rhein und Ruhr, am westlichen Ende des Hellwegs gelegenen Gebiet gab es bereits im 5. Jahrhundert eine Siedlung. Um 740 wurde hier ein Königshof gegründet. Der 883 von den Normannen überfallene Ort wird in diesem Zusammenhang erstmals urkundlich erwähnt und ist somit gesichertes Datum der Duisburger Geschichte.

Die Geschichte von Duisburg, der „Stadt an Rhein und Ruhr", muss natürlich mit Hafen und Kohle beginnen: Auf der Insel Ruhrort im Mündungsdelta der Ruhr bestand seit 1373 ein Kohlen- und Stapelplatz, kleine Hafenanlagen kamen Anfang des 18. Jahrhunderts hinzu. Der erste größere Hafen entstand um 1845 und diente als Fährhafen für die Köln-Mindener Eisenbahn.

Erst die einsetzende Industrialisierung und der Kanalbau ließen Duisburg jäh erstarken. Als die bedeutendste Umschlagstelle für das rheinisch-westfälische Industriegebiet wurde die Ruhrmündung in der Folge zum größten Binnenhafen der Welt. Derzeit werden in allen Duisburger Häfen annähernd so viele Güter umgeladen wie in Hamburg.

Heute ist die Stadt neben ihrer wirtschaftlichen Funktion wieder ein geistig-kulturelles Zentrum am Niederrhein. Das war sie bereits vom 16. bis zum frühen 19. Jahrhundert.

In Duisburg wirkte der Begründer der modernen Kartographie, Gerhard Mercator. Er schuf ein umfangreiches Kartenwerk, welches den geographischen und topographischen Wissensstand aus den Entdeckungsreisen des 16. Jahrhunderts wiedergibt. Die baulichen Spuren des alten Duisburg sind vom Zweiten Weltkrieg und der Bauwut danach leider weitgehend verwischt.

In der alten, traditionsreichen Hafenstadt scheint nach einer langen und stürmischen Zeit der Industrialisierung nun eine gewisse Ruhe eingekehrt zu sein. Diese eigene Atmosphäre lässt sich in einem der Gasthäuser am Promenadenweg gut nachempfinden. In der Hafenausfahrt harrt das Museumsschiff „Oscar Huber", ein Raddampfer von 1922. Und nicht viel weiter ist über eine Brücke am Eisenbahnhafen das Museum der Deutschen Binnenschifffahrt zu erreichen.

Auf dem Radweg des Ruhrdeichs zwischen Ruhr und Straße bis zum Kreisverkehr vor der **Oberbürgermeister-Lehr-Brücke**

~ wenn Sie hier eine Runde fahren und dann in die **Schwanenstraße** abbiegen, gelangen Sie direkt ins Zentrum Duisburgs ~ die Route führt aber über die Brücke ~ die Ruhr und einige Hafenbecken und Kanäle überqueren ~ schließlich gelangen Sie auf der **Ruhrorter Straße** in den Stadtteil Ruhrort.

Ruhrort

Museum der Deutschen Binnenschifffahrt, Apostelstr. 84, ✆ 808890, ÖZ: Di-So 10-17 Uhr. Schiffsmodelle im Maßstab 1:100, in Drehvitrinen untergebracht, gewähren einen Überblick über 2000 Jahre Binnenschifffahrt vom Einbaum bis zum Schubverband. Ein Diorama zeigt die mühselige Arbeit des Schleppers mit Pferdevorspann, auch Treidel genannt. Ein Museumsschiff an der Ruhr bildet eine Ergänzung zur Schau.

Von der **Ruhrorter Straße** gleich nach der letzten Brücke über den **Vinckekanal** links in die **Krausstraße** fahren und deren Verlauf am Hafenmund entlang bis zur **Friedrich-Ebert-Brücke** folgen ~ diese führt über den Rhein und somit haben Sie Ihr Ziel erreicht: den Rhein.

Tipp: Sie können direkt hier bei der Friedrich-Ebert-Brücke in den Rhein-Radweg einsteigen. Genauere Informationen zum Verlauf des Rhein-Radweges finden Sie im *bikeline*-Radtourenbuch Rhein-Radweg Teil 3. Durch Duisburg führt auch die NiederRheinroute. Auch zu diesem Radweg gibt es ein ***bikeline*-Radtourenbuch NiederRheinroute.**

Um zum Bahnhof zu gelangen, bei der **Friedrich-Ebert-Brücke** geradeaus weiter ~ danach in spitzem Winkel nach rechts und weiter rechts in die Straße **Am Eisenbahnbassin** ~ nun befinden Sie sich am Bahnhof von Duisburg.

Die Ruhr wird Schifffahrtsweg

1780. Die Ruhr ist Schifffahrtsstraße von Ruhrort bis über Witten hinaus. Sie wurde kanalisiert und 16 Schleusen regulieren den unterschiedlichen Wasserstand. Die Länge des schiffbaren Flusses beträgt 74 Kilometer. Am Flussufer wurden Leinpfade für Zugpferde angelegt, damit die Kähne flussaufwärts gezogen werden können. Damit wird die Ruhr zu einem bedeutenden Transportweg. Kohle aus dem Märkischen, Salz aus dem Salzwerk Königsborn und andere Handelsgüter werden von Ruhrort aus bis nach Holland ausgeführt. Schon 1734 gab es einen Plan von König Friedrich Wilhelm I. den oberen Ruhrabschnitt für den Salztransport schiffbar zu machen. Die Firma Eisbruch & Comp. gründete unter Beteiligung von 36 Teilhabern die „Neue Ruhrschifffahrts-Enterprise behufs Transports derer märkischer Kohlen“. Seit 1770 besaß diese Transportfirma ein Monopol für Kohletransport und übernahm mit 25 Schiffen den regelmäßigen Lasttransport. Doch schon bald gab es Transportschwierigkeiten. Mehr als 20 Mühlen und Fischwehre zwischen Hattingen und Ruhrort versperrten die Durchfahrt, dadurch mussten die Kohlen mehrfach umgeladen werden, wodurch die Qualität der Ladung litt. Die weiche märkische Kohle kam in Kleve oft nur mehr als Kohlenstaub an. Erst 1774 begann der preußische Staat mit dem Bau der ersten Schleuse in der Mark.

Übernachtungsverzeichnis

Bett & Bike

Alle mit dem Bett & Bike-Logo ( ) gekennzeichneten Betriebe nehmen an der ADFC-Aktion „Fahrradfreundliche Gastbetriebe" teil. Sie erfüllen die vom ADFC vorgeschriebenen Mindestkriterien und bieten darüber hinaus so manche Annehmlichkeit für Radfahrer. Detaillierte Informationen finden Sie in den ausführlichen Bett & Bike-Verzeichnissen – diese erhalten Sie überall, wo's *bikeline* gibt.

ADFC Allgemeiner Deutscher Fahrrad-Club

Im Folgenden sind Hotels (H, Hg), Gasthöfe (Gh), Pensionen (P) und private Unterkünfte (Pz), aber auch Jugendherbergen ( ) und Campingplätze ( ) der meisten Orte entlang des Radweges angeführt. Die Orte sind nicht in alphabetischer Reihenfolge, sondern analog zur Streckenführung aufgelistet.

Das Verzeichnis erhebt keinen Anspruch auf Vollständigkeit und stellt keine Empfehlung der einzelnen Betriebe dar.

Die römische Zahl (I–VI) nach der Telefonnummer gibt die Preisgruppe des betreffenden Betriebes an. Folgende Unterteilung liegt der Zuordnung zugrunde:

I unter € 15,–
II € 15,– bis € 23,–
III € 23,– bis € 30,–
IV € 30,– bis € 35,–
V € 35,– bis € 50,–
VI über € 50,–

Die Preisgruppen beziehen sich auf den Preis pro Person in einem Doppelzimmer mit Dusche oder Bad incl. Frühstück. Übernachtungsbetriebe mit Zimmern ohne Bad oder Dusche, aber mit Etagenbad, sind durch das Symbol ✗ nach der Preisgruppe gekennzeichnet.

Da wir das Verzeichnis stets erweitern, sind wir für Ihre Anregungen dankbar. Die einfache Eintragung erfolgt für die Betriebe natürlich kostenfrei.

Winterberg

PLZ: 59955; Vorwahl: 02981

H Schneider, Am Waltenberg 58, ✆ 6749
H Ferienpark Am Fichtenweg, Fichtenweg 26-32, ✆ 92420
H Waldhaus, Kiefernweg 12, ✆ 2042
H Hessenhof, Am Waltenberg 1, ✆ 9300
H Sporthotel Ambassador, Auf der Wallme 5, ✆ 9330
H Haus Herrloh, Herrlohweg 3, ✆ 92470
H Forsthaus, Orkestr. 14, ✆ 1023
H Bobhaus, Auf der Kappe 1, ✆ 509
H Haus Sonneborn, Drosselweg 3, ✆ 1244
H Leisse, Am Waltenberg 2, ✆ 7364
H Steymann, Schneilstr. 4, ✆ 7005
H Haus Nuhnetal, Nuhnestr. 12, ✆ 92290
H Haus Astenblick, Nuhnestr. 5, ✆ 92230
H Haus Andrea, Schanzenstr. 2, ✆ 2131
H Vakantiehotel Der Brabander, Am Waltenberg 65, ✆ 9320
H Zur Sonne, Schneilstr. 1, ✆ 1468
H Winterberger Hof, Am Waltenberg 33, ✆ 92220
H Central, Am Waltenberg 29, ✆ 92450
H Engemann-Kurve, Haarfelder Str. 10, ✆ 92940
H Dorint Hotel und Sport Resort, Postwiese, ✆ 8970
H Haus Sauerland, Wernsdorfer Str. 44, ✆ 04367/99709
P Rebbert, Gunninghauser Str. 20, ✆ 2809
P Haus Ante, Nuhnestr. 7, ✆ 2955
P Haus Butz, Hagenstr. 40, ✆ 2716
P Zur Daubermühle, Zur Daubermühle 1, ✆ 2235

P Haus Margarete, Feldstraße 35, ✆ 1713
P Ferienhaus Tepel, Schulstr. 13, ✆ 6624
P Pension Braun, Kapellenstr. 1a, ✆ 2614
P Haus Edeltraud, Weißdornweg 6, ✆ 7778
P Haus Cramer, Marktstr. 8, ✆ 2331
P Zum Kreuzberg, Kapellenstr. 4, ✆ 1726
P Haus Frohlking, Hellenstr. 7, ✆ 1246
P Haus Kordes, Hagenstr. 29, ✆ 2515
P Dollberg, Am Waltenberg 54, ✆ 2141
P Daubermühle, Daubermühle 2, ✆ 2236
P Haus Marlene, Heidestr. 5, ✆ 6914
P Haus Talblick, Buchenweg 30, ✆ 6105
P Haus Roseneck, Im hohlen Seifen 15, ✆ 2516
Winterberg, Astenberg 1, ✆ 2289

Niedersfeld

PLZ: 59955; Vorwahl: 02985
H Landhaus Eschenberg, Am Eschenberg 1, ✆908950, III
H Cramer, Ruhrstraße 50, ✆ 97922, V
P Am Kleehagen, Am Kleehagen 61, ✆1745, II
P Voß, Kampstr.5, ✆ 552, III
P Waldhaus Hochsauerland, Hinterm Kreuz 22, ✆ 289, II
P Am Kleehagen, Am Kleehagen 61, ✆1745
P Altenbeck, Am Bergelchen 57, ✆1755

Wiemeringhausen

PLZ: 59939; Vorwahl: 02962
P Hubertushof, Ibergstr. 5, ✆ 310, I
Gh Schöttes Im Krug zum grünen Kranze, Winterberger Str. 30, ✆ 238, II-V

Assinghausen

PLZ: 59939; Vorwahl: 02962
Gh Kettler, Bruchhauser Str. 1, ✆ 2543, II

Olsberg

PLZ: 59939; Vorwahl: 02962
H Kurpark Villa Egert, Mühlenufer 4a, ✆ 97970, VI
H Gasthof Zur Post, Markt 1, ✆ 97400, VI
H Parkhotel Olsberg, Stehestr. 23, ✆ 8040, V
H Am See, Carls-Aue-Str. 36, ✆ 2776, V-VI
H Kur-Residenz Anastoria, ✆ 86323, IV-V
P Haus Kersting, Ginsterweg 1, ✆ 2800, II
P Haus Kinkel, Drönkerweg 37, ✆ 5665, III-IV
P Haus Anneliese, Zum Stausee 12, ✆ 4503, II
P Coerdt, Carls-Aue-Str. 3, ✆ 2533, II
P Haus am Dahle, Carls-Aue-Str. 4a, IV, ✆ 1511
P Glenzer, Gartenstr. 6, ✆ 2673, I-II
P Klaucke, Borbergstr. 13, ✆ 2011, II
P Gasthof Kropff, Carls-Aue-Str. 1, ✆ 2992, II-III
P Haus Seeblick, Am Heidfeld 9b, ✆ 1863 od. 5863, II
P Schmelter, Hüttenstr. 15, ✆ 1382, II

Bigge

PLZ: 59939; Vorwahl: 02962
H Bigger Hof, Jahnplatz 1, ✆979070,V
H Kolping Ausbildungs-Tagungshotel „Bigger Hof", ✆ 979070,III-V
H Schettel, Hauptstr. 52, ✆ 1832, IV-V

Gevelinghausen

PLZ: 59939; Vorwahl: 02904
H Landhotel am Schloss, Kreisstr. 2, ✆ 97700, V
H Schloss Gevelinghausen, Schloss Str., ✆ 8030, V
Gh Rath, Kreisstr. 28, ✆2301, III

Meschede

PLZ: 59872; Vorwahl: 0291
H Hennedamm, Am Stadtpark 6, ✆ 99600, VI
H „Hennesee Residenz", Am Hennesee, Berghausen 14, ✆ 20000, VI
P „Zum Immenhof", Immenhausen 6, ✆ 50767
Bh „Grewen Mühle", Auf'n Mühlenwiesen 18, ✆ 7740
Bh „Waldhaus Ulmecke", Ulmecke 1, ✆ 1482
Bh Heinemann Johannes, Obermielinghausen 1, ✆ 50834
Sauerlandcamp Hennesee, ✆ 9995-0
Meschede, Warsteiner Straße, ✆ 6666

Grevenstein:

H Gasthof Becker, Burgstr. 9, ✆ 02934/96010
H „Holländer Hof", Ohlstr. 4, ✆ 02934/96130
H „Landhaus Rossel", Ostfeld 25, ✆ 02934/96040
P Mertens Maria, Ostfeld 22, ✆ 02934/369
Bh Nölke-Japes Antonius, Bachstr. 14, ✆ 02934/262
Bh Webelhaus-Richert, Arpestr. 3, ✆ 02934/462

Erflinghausen:

H Hofhotel Restaurant Kremer, Erflinghausen 1, ✆53130

Eversberg:

H „Lindenhof", Mittelstr. 15, ✆ 51170
P Bastert, Burghagenweg 1, ✆ 51154
P Baums Annemarie, Oststr. 6, ✆ 51571 u. 58216
P Kotthoff Winfried, Bue 17, ✆ 50678
P Schröder Ludwig, Weststr. 10, ✆ 51317

Freienohl:

H Luckai, Christine-Koch-Str. 11, ✆ 02903/97520

Olpe:

H Landgasthof Hütter, Freieinohler Str. 31, ✆ 02903/9600

Remblinghausen:

H Landhotel Donner, Zur alten Schmiede 4, ✆ 952700

Arnsberg

Arnsberg-Neheim:

PLZ: 59755; Vorwahl: 02932
H Dorint, Zu den drei Bänken, ✆ 2001, VI
H Altes Strohdorf, Mendener Str. 22, ✆ 02932/23906, IV
H Bühner, Zum Fürstenberg 24, ✆ 97330, V
H Haus Sonnenschein, Am Neheimer Kopf 6, ✆ 24133, III
H Zur Krone, Johannesstr. 62, ✆ 700755, IV
H Rodelhaus, Zu den drei Bänken, ✆ 97040, V

Arnsberg-Müschede:

PLZ: 59757; Vorwahl: 02932
Gh Dorfschänke, Krakeloh 19, ✆ 33386, III

Arnsberg-Voßwinkel:

PLZ: 59757; Vorwahl: 02932
H Flugplatz Hotel, Flugpl. 1, ✆ 02377/3365, III
Gh Haus Schulte, Wickede/Ruhrstr. 52, ✆ 02377/3026,III

Arnsberg-Herdringen:

PLZ: 59757; Vorwahl: 02932

Gh Landhotel Dietzel, Neuer Weg 11, ✆ 4533, III

Arnsberg-Hüsten:

PLZ: 59759; Vorwahl: 02932

H Meemann, Marktstr. 25, ✆ 547900, V

Arnsberg-Bruchhausen:

PLZ: 59759; Vorwahl: 02932

H Zur Post, Bruchhausener Str. 29, ✆ 96290, V

Alt-Arnsberg:

PLZ: 59821; Vorwahl: 02931

H Swora, Nordring 30, ✆ 12339, IV

H Altes Backhaus, Alter Markt 27, ✆ 52200, V

H Menge, Ruhrstr. 60, ✆ 5252-0, V

H Zur Linde, Ruhrstr. 41, ✆ 3402, V

H Zum Landsberger Hof, Alter Markt 18, ✆ 89020, V

H Goldener Stern, Alter Markt 6, ✆ 53002-0, V

Gh Zum Grünen Haus, Grimmestr. 77, ✆ 6016, III

Gh Zur schönen Aussicht, Rumbecker Str. 116, ✆ 12266, III

Gh Ratskeller, Alter Markt 36, ✆ 3672, V

P Terlohr, Hellefelder Str. 62, ✆ 16811, II-III

Jugendherberge, Rumbecker Höhe 1, ✆ 10627

Jugendhof, Hasenwinkel 4, ✆ 524825

Arnsberg-Rumbeck:

PLZ: 59823; Vorwahl: 02931

Gh Hoffmann, Mescheder Str. 80, ✆ 13048, IV

Arnsberg-Oeventrop:

PLZ: 59823; Vorwahl: 02937

H Luckai, Christine-Koch-Str. 11, ✆ 02903/9752-0, IV

Gh Kolpinghaus, Kirchstr. 49, ✆ 6489, III

P Kraas, Birkenweg 52, ✆ 458, II

P Wagner, Birkenweg 50, ✆ 1343, I

P Ahrnke, Auf der Heide 30, ✆ 6600, II

P Krewitt, Kirchstr. 16, ✆ 6407, II

Arnsberg-Breitenbruch:

PLZ: 59823; Vorwahl: 02931

Gh Cafe Hahne, Breitenbrucher Str. 31, ✆ 6125, III

Wickede

PLZ: 58739; Vorwahl: 02377

H Gerbens, Hauptstr. 211, ✆ 1013, IV-V

H Alte Poststation, OT Wimbern, Arnsberger Str. 1, ✆ 2145, IV

Gh Haus Schulte, OT Echthausen, Ruhrstr. 52, ✆ 3026, IV

Fröndenberg

PLZ: 58730; Vorwahl: 02373

H Haus Ruhrbrücke, Ruhrstr. 20, ✆ 72169 od. 7330, III-IV

H Landgasthof Hölzer, Auf dem Krittenschlag 23, ✆ 76122 u. 97880, V-VI

H Chicobeau, Ruhrstr. 6, ✆ 397813, IV

Unna

PLZ: 59427; Vorwahl: 02303

H Akzent, Hammer Str., 59425, ✆ 968660, V

H G. Kauke, Iserlohner Str. 61, 59423, ✆ 80185, II

H Königsborner Hof, Kamener Str. 86, 59425, ✆ 68830, III-IV

H Kraka, Gesellschaftsstr. 10, 59423, ✆ 22022, V

H Ringhotel Katharinen Hof, Bahnhofstr. 49, 59423, ✆ 9200, V-VI

H Nachtwächter, Schulstr. 1, 59423, ✆12449, IV

Hg Heidehof, Massener Heide 22, 59427, ✆ 83130, IV

Hg Gästehaus Brüggemann, Kamener Str. 34, 59425, ✆ 60281, IV

Gh Breuker, Iserlohner Str. 2, 59423, ✆ 80745, II

Gh Kolpinghaus, Klosterstraße 77, 59423, ✆ 12472, II

Gh Landhaus Massener Heide, Massener Heide 16, 59427, ✆ 83160, V

Gh Hilleringmann, Hillering 42, 59427, ✆ 80576, III

Dortmund

PLZ: 44135, Vorwahl: 0231

Verkehrsverein, Königswall 18a, ✆ 5022174

H Holiday Inn Römischer Kaiser, Olpe 2, ✆ 543200, V-VI

H Stiftshof, Stiftsstr. 5, ✆ 524701, IV-V

Hg Esplanade, Bornstr. 4, ✆ 58530, V

Hg Carlton, Lütge-Brückstr. 5-7, ✆ 528030, IV-V

Hg Stadthotel Dortmund, Reinoldistr. 14, ✆ 571000, V-VI

Hg Union, Arndtstr. 66, ✆ 550070, IV-VI

Hg Atlanta, Ostenhellweg 51, ✆ 557075-0, IV-V

Hg Kaiserbrunnen, Arndtstr. 56, ✆ 522280, IV-V

Hg Petersmann, Moltkestr. 2, ✆ 522388, V-VI

P „Cläre Fritz", Reinoldistr. 6, ✆ 571523, III

PLZ: 44137

H Renaissance, Lindemannstr. 88, ✆ 91130, V-VI

H Fürst, Beurhausstr. 57, ✆ 142048, V

Hg Astron Suite, Königswall 1, ✆ 90550, V-VI

Hg City-Hotel, Silberstr. 37-43, ✆ 14208688, V

Hg Königshof, Königswall 4-6, ✆ 57041-44, V

Hg City-Wall, Hoher Wall 2, ✆ 140012-13, VI

Dortmund Adolph Kolping, Silberstr. 24-26, ✆140074

PLZ: 44139

H Holiday Inn Crowne Plaza, An der Buschmühle 1, ✆ 90210, V-VI

H Steigenberger Maxx, Berswordtstr. 2, ✆ 9021-0, V-VI

H Parkhotel Westfalenhallen, Strobelallee 41, ✆ 1204245, VI

H Das Hotel Drees, Hohe Str. 107, ✆ 12990, V-VI

H Consul, Hohe Str. 107, ✆ 12990, V

H Holiday Inn Crowne Plaza, An der Buschmühle 1, ✆ 90210, V-VI

PLZ: 44141

H Best Western Parkhotel Wittekindshof, Westfalendamm 270, ✆ 51930, V-VI

PLZ: 44145

Hg Senator, Münster Str. 187, ✆ 8610120, V

PLZ: 44147

H Sporthotel, Mallinckrodtstr. 212-214, ✆ 99830, V

Körne:

PLZ: 44143

H Prodomo, Paderborner Str. 79, ✆ 56560, V

Hg Körner Hof, Hallesche Str. 102, ✆ 5620840, V

Brünninghausen:
PLZ: 44225
H Romberg-Park, Am Rombergpark 67-69, ✆ 714073, V-VI
Barop:
PLZ: 44227
H Romantik Hotell Lennhof, Menglinghauser Str. 20, ✆ 75726, V-VI
Gh Haus Wolf, Baroper Str. 234, ✆ 750792, IV-V
Schwerte
PLZ: 58239; Vorwahl: 02304
H Blumenhain, Bergstr. 10, ✆ 43375
H Breer, Reichshofstr. 104, ✆ 67031
H Drei Linden, Hörder Str. 92, ✆ 16438, II
H Gutshof Wellenbad, Zum Wellenbad 7, ✆ 4870, VI
H Hiddemann, Letmather Str. 216, ✆ 978750, V
H Landgasthof Linneweber, Bürenbruch 30, ✆ 73070, V
H Menzebach-Olympia, Ostenstr. 23, ✆ 16590, III
H Naturfreundehaus Ebberg, Ebberg 1, ✆ 67164, II
H Ostentor, Schützenstr. 3, ✆ 16298
H Zum Ruhrtal, Hagener Str. 178, ✆ 16685, V
Hg Reichshof, Bahnhofstr. 32, ✆ 16004, V (Nichtraucher)
Gh Zum Ruhrtal, Hagener Str. 178, ✆16685
Herdecke
PLZ: 58311; Vorwahl: 02330
H Zweibrücker Hof, Zweibrücker Hof 4, ✆ 6050, VI
H Bonsmanns Hof, Wittbräucker Str. 38, ✆ 80020, V
H Bürgerhaus, Kampstr. 8, ✆ 2436, III
Hg Rheinischer Hof, Hauptstr. 50, ✆ 4821, III-IV
Gh Bildungsstätte Wittbräucke, Witbräucker Str. 262, ✆ 800090, V
Witten
PLZ: 58455; Vorwahl: 02302
H Ringhotel Parkhotel Witten, Bergerstr. 23, ✆ 5880, VI
H Dünnebacke, Breddestr. 36, ✆ 56450, II-IV
H Amtsgericht, Gerichtsstr. 41, ✆ 24617, I
H Lukas-Zentrum, Pferdebachstr. 27, ✆ 1752616, III
Hg Haus Uhland, Poststr. 8, ✆ 580040, II-V
Pz Stoppel, Bellerslohstr. 12, ✆ 57898, II
Annen:
H Peter Friedrich Specht, Westfalenstr. 104, ✆ 60393, III-V
H Hoppe, Stockumer Str. 6, ✆ 60307, III
H Georg, Stockumer Str. 35, ✆ 960260, V
H Mercure, Kreisstr. 20, ✆ 20210, VI
H Peters Burg, Ardeystr. 306, ✆ 98710, V
Pz Palm, Ardeystr. 287, ✆ 63240, III
Pz W. Liesehoff, Bebelstr. 18, ✆ 699137, II
Bommern:
H Reesenhof, Bodenborn 66, ✆ 390057, IV
Wetter
PLZ: 58300; Vorwahl: 02335
H Elbschetal, Kirchstr. 2, ✆ 9750, V
H Burghotel Volmarstein, Am Vorberg 12, ✆ 96610, V-VI
H Henriette Davidis, Trienendorfer Str. 8, ✆ 7411, V
Gh „Zur schönen Aussicht“, Trienendorfer Str. 142, ✆ 73621, II
Pz Haus Lange, Grundschötteler Str. 89, ✆ 62013, II
Jugendherberge Esborn, Wacholderstr. 11, ✆ 7718
Naturfreundehaus Eggeklause, Auf der Egge 63, ✆ 71924
Hattingen
PLZ: 45525; Vorwahl: 02324
H Avantgarde, Welper Str. 49, ✆ 50970, VI
H Westfälischer Hof, Bahnhofstr. 7, ✆ 23560, VI
Hg City-Hotel, Im Bruchfeld 15, ✆ 959000, VI
H Zur alten Krone, ✆ 21824 u. 92030, VI
H Schulenburg, Schützenpl. 1, ✆ 21033 u. 21034, VI
H Haus Wallbaum, Am Wallbaum 16a, ✆ 950370, VI
Hg Herold, Krämersdorf 1, ✆ 22335, VI
Pz Flasche, Am Gehege 14, ✆ 52711, II
PLZ: 45527
H Zum Hackstück, Hackstückstr. 123, ✆ 90660, VI
H An de Krüpe, Dorfstr. 27, ✆ 93350, VI
H Apparthotel, Dorfstr. 31, 31527, V
Pz Apel, Am Bennebruch 11, ✆ 30457, II
Pz Aurich, Starenstr. 14, ✆ 687406, I
Pz Brockhaus, Dorfstr. 37, ✆ 31484, II
Pz Haus Gabriele, Über der Horst 34, ✆ 34343, II
Pz Ruth Geifes, Glückaufstr. 2a, ✆ 51447, I
Pz Heinert/Kreutz, Halweg 29, ✆ 31088, II
Pz Henschel, Glückaufstr. 3a, ✆ 24638, II
Pz Herrmann, Hermannstr. 7, ✆ 30344, III
Pz Heuer Christel, Rohrhöhenweg 19, ✆ 32064, II
Pz Heuer Rita, Salzweg 20, ✆ 51941, II
Pz Hiby, Dorfstr. 2, ✆ 32125, I
Pz Hübel, Heierberg 9, ✆ 30992, II
Pz Oberdellmann, Am Kneibel 3, ✆ 30553, II
Pz Osterloh Brunhilde, Am Siepen 46, ✆ 31048, II
Pz Querfurt, Salzweg 1, ✆ 30301, I
Pz Polierer, Habichtstr. 70, ✆ 53988, II
Pz Sänger, Rathenaustr. 11, ✆ 67720, I
Pz Thiemann Armin, Ruhrhöhenweg 10, ✆ 6619, II
PLZ: 45529
H Landhaus Siebe, Am Stuten 29, ✆ 59800, VI
H Gasthaus Hüttenau, Marxstr. 70, ✆ 6325 u. 6326, VI
H Haus Niggemann, Wodantal 41, ✆ 56650, VI
H Haus Raffenberg, Raffenberg 42, ✆ 92510, VI
Pz Haus Christine, Nikolaus-Groß-Str. 32, ✆ 41349, II
Pz Oskar Kleinadel, Denkmalstr. 10a, ✆ 83337, II
Bochum
Vorwahl: 0234
PLZ: 44787
H accora Hotel, Nordring 44-50, ✆ 68960, V-VI
H Art Hotel Tucholsky, Viktoriastr. 73, ✆ 13543, V
H Holiday Inn, Massenbergstr. 19-21, ✆ 9690, VI
H Ibis, Kurt-Schuhmacher-Pl. 13-15, ✆ 91430, IV
H Oberste-Ufer, Nordring 30, ✆ 16712, III
H Ostermeier, Westring 35, ✆ 60815, V
H Plaza, Hellweg 20, ✆ 13085, IV
PLZ: 44791
H Antoni, Flurstr. 1, ✆ 581588, III-IV
H Avalon, Kohlleppelsweg, ✆ 92590, VI

H Novotel, Stadionring 22, ✆ 50640, VI
H Wiesmann, Castroper Str. 191, ✆ 591065, III
PLZ: 44795
H Campus, Springorumallee 20, ✆ 9447100, V
H Kube, Karl-Friedrich-Str. 8, ✆ 946860, III
H Zum Neuling, Neulingstr. 42, ✆ 946980, V
PLZ: 44793
H City West, Klarastr. 10, ✆ 66101, III
H Kolpinghaus, Maximilian-Kolbe-Str. 14-18, ✆ 60190, II-III
PLZ: 44801
H Eerenstein, Eulenbaumstr. 278, ✆ 701576, III
H Excelsior, Max-Greve-Str. 32-34, ✆ 95550, V
H Bartlin, Auf der Papenburg 37, ✆ 704532, V
H Schmerkötter, Auf dem Aspel 70, ✆ 702090, V
PLZ: 44803
H Haus Oekey, Auf dem Alten Kamp 10, ✆ 38671, V
PLZ: 44799
H Haus Vergißmeinicht, Kampmannstr. 11, ✆ 76226, III
H Haus Vocke „Ambiente", Wiemelhauser Str. 214, ✆ 34095, IV
H Schmerkötter, Auf dem Aspel 70, ✆ 702090, V
PLZ: 44879
H Haus Waldesrand, Hattinger Str. 559, ✆ 470620, III
PLZ: 44789
H Ibis, Universitätsstr. 3, ✆ 33311, V
H Schmidt-Mönnikes „MiniOtel", Drusenbergstr. 164, ✆ 333960, V

PLZ: 44866; Vorwahl: 02327
H Sol Inn, Josef-Haumann-Str. 1, ✆ 6404444, V
PLZ: 44797
H Wald-und Golfhotel Lottental, Grimbergstr. 52a, ✆ 97960, V
PLZ: 44869
H Wasserburg Haus Laer, Höfestr. 45, ✆ 383044, IV
P Haus Holzapfel, Ruhrstr. 179, ✆71982

Essen

PLZ: 45127; Vorwahl: 0201
H Ambassador, Viehofer Str. 23, ✆ 237315, V
H Ambassador City-Hotel, Viehofer Str. 22, ✆ 233936, V
H Assindia, Viehofer Pl. 5, ✆ 105610, V
H Holiday Inn, Frohnhauser Str. 6, V-VI
H Essener Hof, Teichstr. 2, ✆ 24070, VI
H Holiday Inn Express, Thea-Leymann-Str. 11-13, ✆ 10260, V-VI
H Europa, Hindenburgstr. 35, ✆ 232041, V-VI
H Kessing, Hachestr. 30, ✆ 239988, V
H Lindenhof, Logenstr. 18, ✆ 233031, IV-V
H City Hotel Luise Döring, Akazienallee 8-10, ✆ 247890, II-V
H Zum Deutschen Haus, Kastanienallee 16, ✆ 232989, V
H Ibis, Hollestr. 50, ✆ 24280, V
H Golden Tulip, Hoffnungstr. 19, ✆ 221414, V

Fulerum:
PLZ: 45149
H Haus Schmidt, Humboldtstr. 211, ✆ 712012, IV

Holsterhausen:
PLZ: 45147
H Fortuna, Rubensstr. 4, ✆ 874020, V

Rüttenscheid:
PLZ: 45131
H An der Gruga, Eduard-Lucas-Str. 17, ✆ 841180, V
H Behr's Parkhotel, Alfredstr. 118, ✆ 779095, V
H Jung, Wehmenkamp 1, ✆ 879590, IV
H Savoy, Florastr. 15b, ✆ 424840, V
H Maximilian, Manfredstr. 10, ✆ 450170, VI
PLZ: 45130
H Arosa, Rüttenscheider Str. 149, ✆ 72260, V
H Best Western Hotel Ypsilon, Müller-Breslau-Str. 18c, ✆ 89690, VI
H Medaillon, Hedwigstr. 7, ✆ 775767, V
H Rheinischer Hof, Hedwigstr. 11, ✆ 781974, IV
H Ruhr, Krawehlerstr. 42, ✆ 778053, V
H Rüttenscheider Hof, Klarastr. 18, ✆ 879240, V
H Apparthaus Arosa, Brassertstr. 32, ✆ 0700070, II-III

Altendorf:
PLZ: 45143
Hg Palla, Eppinghofer Str. 31, ✆ 8629303, III-V

Borbeck:
PLZ: 45355
H am schlosspark, Borbecker Str. 183, ✆ 675001, V
H Gimken, Schlossstr. 182, ✆ 675001, V-Vi

Frohnhausen:
PLZ: 45145
H Oehler, Liebigstr. 8, ✆ 7498910, IV

Schönebeck:
PLZ: 45359
H Hotelapartement, Am Brauhaus 16-32, ✆ 676809, III
H Wilhelmshöhe, Im Wulve 2-4, ✆ 869120, V

Altenessen
PLZ: 45326
H Astoria, Wilhelm-Nieswandt-Allee 175, ✆ 83584, V-VI
H Böll, Altenessener Str. 311, ✆ 357535, V

Frillendorf:
PLZ: 45128
H Central, Herkulesstr. 14, ✆ 227827, V

Burgaltendorf:
PLZ: 45289
H Mintrops Burghotel, Schwarzensteinweg 81, ✆ 571710, VI

Steele:
PLZ: 45307
H Wirtshaus Töff-Töff, Krayer Str. 136, ✆ 859070, IV-V
H Zur Guten Quelle, Krayer Str. 78, ✆ 593638, III

Horst:
PLZ: 45279
H Villa Vogelsang, Antonienallee 1, ✆ 8536600, VI
Horster Ruhrbrücke, In der Lake 24, ✆ 532321

Bredeney:
PLZ: 45133
H Parkhaus Hügel, Freiherr-vom Stein-Str. 209, ✆ 471091, V

P H. Winz, Wallneyer Str. 134, ✆ 493125, V

Heisingen:

PLZ: 45259

H Haselkuß, Bonscheidter Str. 63a-65, ✆ 461559, V-VI

Werden:

PLZ: 45239

H Hohenstein, Hohensteinweg 5, ✆ 496949, V-VI

H Meiser, Forstmannstr. 49, ✆ 405118, V

Jugendherberge, Pastoratsberg 2, ✆ 491163

Stadt-Camping, Im Löwental 67, ✆ 492978

Campingplatzbetriebs GmbH, Hardenbergufer 369, ✆ 402007

Kettwig:

PLZ: 45219

H Landhaus Knappmann, Ringstr. 198, ✆ 7809, V-VI

H Résidence, Auf der Forst 1, ✆ 95590, VI

H Schloss Hugenpoet, August-Thyssen-Str. 51, ✆ 12040, VI

H Zur Flora, Landsberger Str. 83-87a, ✆ 95260, ✆ V-VI

Cammerzell, Werdener Str., ✆ 02054/4798

Mülheim

PLZ: 45479, Vorwahl: 0208

MST Mülheimer Stadtmarketing und Tourismus GmbH, Schlossstr. 11, ✆ 960960

H Am Schloss Broich, Am Schloss Broich 27, ✆ 993080, V-VI

H Sassenhof, Schellhockerbruch 21-23, ✆ 50740, V-VI

PLZ: 45468

H Best Western, Hans-Böckler-Pl. 19, ✆ 308630, V-VI

H Gartenhotel Luisental, Trooststr. 2, ✆ 992140, IV-VI

H Handelshof, Friedrichstr. 15-19, ✆ 30880, III-VI

H Alt Mülheim, Teinerstr. 24-26, ✆ 308740, IV-VI

H Friederike, Friedrichstr. 32, ✆ 992150, IV-VI

H Hopfen-Sack, Kalkstr. 23, ✆ 383636, IV-V

H Noy, Schlossstr. 28-30, ✆ 45050, V-VI

H Kämpgen's Hof, Denkhauser Höfe 46, ✆ 996969, IV-V

Hg Leineweber, Leineweberstr. 65, ✆ 445244, IV-VI

PLZ: 45478

H Raffelberger Hof, Akazienallee 19, ✆ 53787, II-III

PLZ: 45470

H Haus Kastanienhof, Dimbeck 27, ✆ 32139, IV-VI

PLZ: 45475

H Kuhn, Mellinghofer Str. 277, ✆ 790010, III-V

PLZ: 45473

H Unkel, Aktienstr. 241, ✆ 998070, IV-V

PLZ: 45476

H Zum Jägermeister, Hauskampstr. 17, ✆ 404506, II-III

PLZ: 45481

H Mintarder Wasserbahnhof, August-Thyssen-Str. 129, ✆ 02054/95950, V

Oberhausen

PLZ: 46119, Vorwahl: 0208

H Best Western Parkhotel, Teutoburger Str. 156, ✆ 69020, V

PLZ: 46049

H Mercure am CentrO, Max-Planck-Ring 6, ✆ 44410, IV

H Haus Hagemann, Buschhausener Str. 84, ✆ 85750, V-VI

PLZ: 46045

H Zum Rathaus, Freiherr-vom-Stein-Str. 41, ✆ 858370, IV-V

H Residenz, Hermann-Albertz-Str. 69, ✆ 82080, V

Hg im Europahaus, Friedensplatz 8, ✆ 859790, III-VI

PLZ: 46149

H Hubertushof, Inselstr. 26, ✆ 648590, III-V

PLZ: 46147

H Gerlach-Thiemann, Buchenweg 14, ✆ 620900, V

PLZ: 46047

H Haus Union, Schenkendorfstr. 13, ✆ 8808088, III-IV

H Sol Inn, Centroallee 280, ✆ 82020, IV-V

Gh Frintrop, Mühlenstr. 116, ✆ 870975, II

Duisburg

Vorwahl: 0203

Stadtinformation, ✆ 2854411

PLZ: 47051

H Stadt Duisburg, Düsseldorfer Str. 124, ✆ 287085, V

H Hammerstein, Neue Marktstr. 13, ✆ 22063, V

H Am Kantpark, Gallenkampstr. 6, ✆ 282890, III-V

H Conti, Düsseldorfer Str. 131-137, ✆ 287005, VI

H Ibis, Mercatorstr. 15, ✆ 300050, IV-V

H Mirage, Ulrichstr. 28, ✆ 286850, IV-VI

PLZ: 47055

H Am Stadion, Kalkweg 26, ✆ 724024, IV-V

PLZ: 47057

H Haus Friederichs, Neudorfer Str. 33-35, ✆ 352055, IV-VI

PLZ: 47058

H Rheinischer Hof, Mülheimerstr. 119, ✆ 332446, III

H Etap, Falkstr. 61, ✆ 3019920, III

PLZ: 47137

Jugendherberge Diusburg-Nord, Lösorter Str. 133, ✆ 417900

PLZ: 47279

Jugendherberge Duisburg-Wedau, Kalkweg 148 E, ✆ 724164

Ruhrort:

PLZ: 47119

H Hof v. Holland, Bergiusstr. 46, ✆ 81824, II

H Kuhl, Neumarkt 7-9, ✆ 82234, III

H La Vigie, Kasteelstr. 1, ✆ 800550, V-VI

Homberg:

PLZ: 47198

H Rheingarten, Königstr. 78, ✆ 02066/55001 V-VI

H Vater Rhein, Königstr. 80, ✆ 02136/8595, II

PLZ: 47169

H Am Kamin, Wolfstr. 33, ✆ 400133, III-IV

PLZ: 47179

H Garden, Friedrich-Ebert-Str. 131, ✆ 492105, IV-V

Ortsindex

Einträge in *grüner* Schrift beziehen sich aufs Übernachtungsverzeichnis.